STEFAN STRIXNER

Die Hochzeitszeitung

frech, witzig, originell

STEFAN STRIXNER

Die Hochzeitszeitung

frech, witzig, originell

Texte
Gestaltung
Realisierung

Mit Musterseiten
im Internet

Inhalt

Ehe man auf die vorbereiteten Hochzeitstische für jeden Gast eine Hochzeitszeitung legen kann, wartet eine Menge Arbeit auf alle Beteiligten.

Vorwort

»Himmelhoch jauchzend, zu Tode betrübt – glücklich allein ist die Seele, die liebt.« Johann Wolfgang von Goethe hatte nicht nur einen untrüglichen Sinn für die Wahrheiten des Lebens – er konnte seine Gedanken auch noch in die passenden Worte kleiden wie kaum ein anderer.

Der gute alte Dichterfürst liefert ein vortreffliches Stichwort für dieses Buch: Es geht um die Hochzeit, den schönsten Tag im Leben, die Verbindung zweier Menschen, das gegenseitige Versprechen, künftig auf immer zusammenzubleiben. Wenn das kein Grund zum Feiern ist!

Was gibt es nicht alles zu sagen zu so einer glücklichen Gelegenheit – oder vielleicht auch zu schreiben. Worte vergehen, doch was geschrieben steht, wird zur bleibenden Erinnerung. Was also liegt näher, als den Worten, die zu einem solch freudigen Anlass passen, einen würdigen Rahmen zu geben – was liegt näher, als einen solchen Tag mit einer eigenen Zeitung zu dokumentieren?

Eine Hochzeitszeitung kann so viel mehr sein als nur ein Programmpunkt für die Feier. Sie bietet Informationen über die Brautleute, Fotos aus dem Familienalbum, Anekdoten aus dem Leben der beiden. Die Schwiegereltern kommen zu Wort, die Geschwister, die Freundinnen und Freunde des Paares. Und alles unterhaltsam, aber nicht krampfhaft witzig verpackt. So wird die Hochzeitszeitung zu einer Momentaufnahme, deren »historischer« Wert sich spätestens bei der Silberhochzeit erweisen wird. Autor und Verlag wollen Sie, die »Zeitungs-Macher«, bei Ihrer Arbeit unterstützen: durch Anregungen in Bezug auf die möglichen Inhalte, durch Hinweise, in welchem Stil Artikel verfasst werden können, durch unterhaltsame Texte, Gedichte, Sprüche oder Abbildungen, die in die Zeitung aufgenommen werden können. Als »technische Hotline« kann dieses Buch helfen, technische Fragen beim Zeitungmachen zu klären oder Tipps für die Herstellung und Gestaltung zu geben.

Wir wünschen der Redaktion viel Freude und Erfolg bei der Arbeit.

Die Hochzeitszeitung als eine »Momentaufnahme«.

So viel Fantasie, wie auf dem Gelände des Centre Pompidou in Paris entwickelt wurde, wünschen wir allen zukünftigen Hochzeitszeitungs-»Machern«.

So geht's – von der Idee zur fertigen Zeitung

Dieses Bild hat für unser erstes Kapitel Symbolcharakter: Die geschlossene Blüte verkörpert die Summe der Ideen, während die vollkommen geöffnete Blüte unserem angestrebten Ziel ein Gesicht gibt!

Die Hochzeit ist ein Highlight im Leben zweier Menschen und wird entsprechend gefeiert. Weil das Fest eine lange Vorbereitungszeit erfordert, wird der Hochzeitstermin in der Regel frühzeitig festgelegt. So hat nicht nur das Brautpaar genügend Zeit, seine Wünsche und Ideen für die Feier zu entwickeln. Auch die Familien, Freunde und Gäste der beiden werden sich überlegen – in aller Heimlichkeit, versteht sich, denn es soll ja eine Überraschung werden –, was sie zum Gelingen dieses Tages beisteuern können.

Je nach Temperament und Talent fallen solche Beiträge naturgemäß sehr unterschiedlich aus – die einen begnügen sich mit einem Geschenk, andere überraschen das Paar und die Gäste mit einem gemeinsamen Spiel, wieder andere tragen Texte, Gedichte oder Lieder vor. So entsteht meist ein buntes Unterhaltungsprogramm. Bestens geeignet für ein Team und zudem eine reizvolle Herausforderung ist die Herstellung einer Hochzeitszeitung.

Das Redaktionsteam

Besonders wichtig ist die erste Zusammenkunft des Redaktionsteams. Dann nämlich geht es darum, die grundlegenden Funktionen der Mitglieder zu klären. Als Erstes sollte man sich daran machen, eine Redaktionsleiterin oder einen Redaktionsleiter zu wählen. Das tut man am besten auf demokratischem Wege. Die Redaktionsleitung hat nämlich eine verantwortungsvolle Aufgabe: Sie muss darauf achten, dass sich aus den vielen Einzelteilen das bestmögliche Ergebnis fügt.

Deshalb liegt es nahe, dass die »Chefredaktion« dem Hochzeitspaar möglichst nahe steht. Der beste Freund des Bräutigams oder die Schwester der Braut sind oft gute Chefredakteure. In manchen Fällen bietet es sich auch an, eine »Doppelspitze« zu bilden. Die Redaktionsleitung sollte im idealen Fall beide Brautleute möglichst gut kennen. Von Vorteil ist es, wenn der oder die Redaktionsleiter gut mit dem PC umgehen können. Hat man sich nämlich für die computergestützte Produktion entschieden, können gleich alle Daten, Bilder und Texte auf dem Redaktionsrechner gesammelt werden.

Nicht weniger wichtig als die Redaktionsleitung sind die übrigen Teammitglieder. In der idealen Truppe ist der Chef »der Erste unter Gleichen«, nicht aber etwa ein ungeduldiger Antreiber. Die Arbeit soll schließlich Spaß machen. Und zu tun gibt es für die Damen und Herren Redakteure mehr als genug. Sie tragen Informationen zusammen, schreiben Texte, schießen Fotos und recherchieren in Familienalben, sie interviewen Eltern und Freunde – kurz: Sie sorgen für das Baumaterial. Dabei ist es natürlich von Vorteil, wenn man die Aufgaben nach den Kenntnissen und Vorlieben der Redakteure verteilt. Gebraucht werden gute Fotografen, Leute, die schreiben können, Informanten, Rechercheure mit guten Kontakten bis hin zum Familienalbum, möglichst sogar eine Zeichnerin oder einen Zeichner. Und zum Schluss will das Werk ja auch noch in Form gebracht weden, auch dazu braucht es ein wenig kreatives Talent.

Die Redaktionskonferenz

Die Entscheidung, auf welche Weise man an die Arbeit herangehen möchte und wer welche Aufgaben übernimmt, trifft das Team am besten im Rahmen einer Redaktionskonferenz. Auch dieses »Ritual« ist in jeder professionellen Zeitungsredaktion üblich. Das Team versammelt sich, sucht, findet und diskutiert Ideen und verteilt Aufträge.

Die Redaktionskonferenz ist keine einmalige Angelegenheit. Die Produktion der Hochzeitszeitung kann, je nach Umfang und Aufwand, durchaus einige Wochen in Anspruch nehmen. Das Team ist gut beraten, wenn es sich in regelmäßigen Abständen zusammen setzt und den Zwischenstand durchspricht. Es wird auch immer wieder vorkommen, dass noch irgendein Redaktionsmitglied eine neue Idee hat oder mit einem bis dahin unbeachteten Argument gegen oder für diesen oder jenen Beitrag aufwartet.

Daher kommt der Terminplanung eine herausragende Rolle zu. Es ist nicht nur sinnvoll, sondern unbedingt notwendig, dass das Team möglichst frühzeitig einen Plan aufstellt: Welche Aufgaben sind zu erledigen? Wer übernimmt was? Was muss bis wann erledigt werden?

Der Regel eines gewissen Professor Murphy (»Alles dauert länger, als man glaubt.«) folgend, tut die Redaktion gut daran, ein zeitliches Polster einzukalkulieren. Im Klartext heißt das: lieber zwei Wochen früher beginnen und den Stichtag (sprich: Redaktionsschluss) besser eine Woche früher ansetzen als eigentlich notwendig. Das schont die Nerven aller Beteiligten, vor allem aber die desjenigen, dem am Ende die schöne Pflicht zukommt, die Zeitung fertig zu layouten. Außerdem kommt eine großzügige Zeitplanung der Qualität des Blattes zugute.

Wie soll die Zeitung aussehen?

Wenn sich das Redaktionsteam erst einmal formiert hat, kann es mit handfesteren Dingen beginnen. Besonders wichtig ist naturgemäß die Frage: Wie soll die Zeitung

Unternehmungslustig sieht unsere Redaktionsmannschaft allemal aus. Für aufschlussreiche Texte über die Entwicklung des Brautpaares sind ältere Verwandte oder Freunde unersetzlich.

eigentlich aussehen? Hier sind der Fantasie (fast) keine Grenzen gesetzt. Ein guter Anfang ist es, wenn sich die Truppe einen Stapel verschiedener Tageszeitungen oder Magazine zur Hand nimmt. Beim gemeinsamen Durchblättern wird sich bestimmt eine rege Diskussion über das Aussehen des eigenen Produkts entwickeln.

Die Eckpfeiler jeder Zeitung sind: Format, Umfang, Layout, Farben, Schriftarten, Stilrichtung und Bindung.

Format

Das Problem des Formates kennt jeder Zeitungsleser aus eigener Erfahrung: je größer die Seite, desto unhandlicher wird die Zeitung. Das ist nicht praktisch und sorgt zudem für eine Art Frühstückstisch-Atmosphäre á la Loriot im Hochzeitssaal, wenn die Gesichter der Gäste hinter Wänden aus Papier verschwinden. Andererseits bietet ein großzügiges Format mehr gestalterische Freiheiten als eine kleinere Seite, das Ergebnis wird meist eindrucksvoller wirken. Der Umfang wiederum hängt stark von der Menge des Inhaltes ab, über den die Redaktion verfügen kann oder möchte. Nicht zu vernachlässigen ist in diesem Zusammenhang die Frage nach dem Preis: Je umfangreicher und größer die Zeitung, desto höher werden die Kosten liegen, die für die Vervielfältigung in der Druckerei oder im Copyshop anfallen.

Schon deshalb sollten Sie sich auch frühzeitig mit der Frage nach der richtigen Bindung befassen: Eine geklammerte Zeitung kostet weniger als ein aufwändig geklebtes Exemplar – die Anmutung freilich verhält sich in diesem Zusammenhang fast proportional zum Preis. Im Klartext: Wer ein paar Euro mehr im Copyshop lässt, der darf auch mit einem schöneren Ergebnis rechnen. Möglichkeiten gibt es auch hier viele.

Die einfachste besteht in profaner Handarbeit und ist sehr zeitaufwändig und anstrengend: Man setzt sich zusammen und faltet jedes Exemplar einzeln, ganz wie eine typische Zeitung. Solche Mühen sollten Sie sich nur dann auferlegen, wenn die Auflage überschaubar ist und nur ein kleines Budget zur Verfügung steht. Wer es gerne etwas exklusiver haben möchte, gibt im Copyshop eine Leimbindung in Auftrag. Ringlochung wäre eine weitere Möglichkeit, dabei geht allerdings ein wenig der Zeitungscharakter verloren.

Noch bevor Sie sich Gedanken über die Art der Vervielfältigung machen, sollten Sie sich unbedingt über die notwendige Auflage im Klaren sein. Schließlich ist die Zahl der gedruckten oder kopierten und anschließend gebundenen Exemplare der Hochzeitszeitung ein nicht zu unterschätzender Kostenfaktor. Nicht zuletzt deshalb wäre eine »Überproduktion«, die im Altpapiercontainer landet, überaus ärgerlich. Als Faustregel sei empfohlen: Die Zahl der Hochzeitsgäste, geteilt durch zwei (weil ja viele Paare eingeladen sind), plus ein Polster von etwa 25 bis 30 Prozent ist ein guter Richtwert. So dürfte sichergestellt sein, dass jeder Gast ein Exemplar in die Hände bekommt. Außerdem bleiben noch einige Zeitungen für das persönliche Archiv.

Layout und Gestaltung

Die Frage nach dem Layout liegt ganz in der Hand des Redaktionsteams. Die Möglichkeiten reichen vom bilderstrotzenden Boulevardstil bis zur hochseriösen Anmutung mit größerem Textanteil und kleinerer Schrift. Für welche Art sich die Redaktion entscheidet, hängt letztlich von der »Zielgruppe« ab. Hier braucht es natürlich ein wenig Fingerspitzengefühl – und einen

Kalkulieren Sie bei der Gestaltung der Hochzeitszeitung ein zeitliches Polster ein. Alles dauert länger, als man glaubt!

Die engagierte Arbeit des Redaktionsteams der Hochzeitszeitung trägt ganz sicher dazu bei, dass sich die Braut an ihrem Festtag so wohl fühlt, wie es hier offensichtlich der Fall ist.

gesunden Informationsfluss. Deshalb sollte mindestens ein Redaktionsmitglied darüber Bescheid wissen, wie sich die Hochzeitsgesellschaft zusammensetzt. Haben Sie es mit einem sehr jungen und offenen Brautpaar zu tun, wird das meist auch auf die Gäste zutreffen. Entsprechend fröhlich und bunt darf und sollte die Hochzeitszeitung daherkommen. Die möglichen Varianten reichen bis zum anderen Extrem: Es kann durchaus angebracht sein, ein Blatt nach erzkonservativem Muster zu entwerfen. Schwieriger ist die Frage der farblichen Gestaltung. Hier dürften wiederum die Druckkosten entscheidend sein. Je größer die Auflage, je größer die Seitenzahl, desto teurer wird die Zeitung – vor allem, wenn sie auch noch durchgehend farbig gedruckt werden soll. Im Übrigen können schwarzweiße Fotos durchaus ihren ganz eigenen Reiz entfalten, auch deshalb, weil sie der Hochzeitszeitung den Charakter einer echten Gazette verleihen. Manchmal kann ein schwarz-weißes Bild auch einen interessan-

ten Kontrast zu einem farbigen Foto setzen. Ähnlich verhält es sich mit der Schriftart. Nur zu leicht unterschätzt man die Wirkung des Schriftschnittes auf das Gesamtbild. Eine typische Zeitungsschrift ist z.B. die »Times New Roman«. Eher modern wirken »Verdana« oder »Arial«. In dieser Frage kommt die Redaktion am schnellsten zu einem Ergebnis, wenn sie ausprobiert, was am besten gefällt.

Tipp der Redaktion

Einer der wichtigsten Tipps, den wohl fast jede Zeitungsredaktion der Welt an dieser Stelle geben würde, lautet: locker bleiben. Wer sich unter zu großen Druck setzt und mit verbissenem Ehrgeiz der Perfektion hinterherjagt, wird weniger Spaß an der Zeitungsproduktion haben. Im Normalfall führt ein zu hoher Anspruch nicht unbedingt zu einem besseren Ergebnis. Bitte bedenken Sie: Es sind nicht zuletzt die kleinen Unzulänglichkeiten, die den Charme einer Hochzeitszeitung ausmachen.

Themenfindung

Noch ein Stück sensibler als die äußerliche Anmutung, also das Layout, ist die Auswahl der Themen für die Hochzeitszeitung. Hier sollten Sie sich in erster Linie am Geschmack des Hochzeitspaares orientieren. Schließlich geht es hauptsächlich darum, den Brautleuten eine Freude zu machen, eine bleibende Erinnerung zu schaffen und bei der Hochzeitsfeier einen Höhepunkt zu setzen, an dem auch die übrigen Gäste Spaß haben.

Hier ist das Urteilsvermögen der Redaktion gefragt: Ist auch mal ein derbes Späßchen erlaubt oder bleibt man lieber ein wenig sachlicher? Diese Fragen kann nur beantworten, wer die Hochzeitsgesellschaft bereits im Vorfeld einzuschätzen vermag. Haben Sie sich in der Redaktion allerdings einmal auf eine Stilrichtung geeinigt, dann sollten Sie diese auch beibehalten. Lehnen Sie sich an eine Tageszeitung an, so können Sie eine Aufteilung in »Aktuelles Geschehen«, »Politik«, »Aus aller Welt«, »Lokales«, »Feuilleton«, »Wirtschaft«, »Sport und Urlaub« vornehmen. Notwendig ist eine solche Aufteilung nicht. Falls Sie sich allerdings dafür entscheiden, haben Sie vielfältige Möglichkeiten: Unter dem Punkt »Politik« könnten beispielsweise in Form von Kommentaren verschiedene Stimmen über das Brautpaar zusammengetragen werden. Der Punkt »Lokales« berichtet vielleicht über die Kirche,

das Standesamt, die Räumlichkeiten, wo die Feier stattfindet, vielleicht auch über aktuelle lokale Geschehnisse – so sie denn zumindest mittelbar in Verbindung mit dem Jubelpaar stehen. Das Feuilleton könnte die Kritik eines fiktiven Buches, Theaterstücks oder Films enthalten, das den Werdegang des Brautpaares zum Inhalt hat. Und auch für das Wirtschaftsressort und den Sportteil finden sich mit ein wenig Fantasie sicher witzige Themen, die mit dem Brautpaar in Zusammenhang stehen.

Sprüche und spaßige Kleinanzeigen können ebenfalls in einem eigenen Ressort zusammengefasst werden. Entscheiden Sie sich für diese Möglichkeit, sollten Sie allerdings bedenken, dass solche Kleintexte hervorragend geeignet sind, die unvermeidlichen Lücken zu füllen, die am Ende auf den meisten Seiten auftauchen werden.

Wie viel Spaß ist erlaubt?

Wahrscheinlich am schwierigsten für die Redaktion ist die Abwägung bei folgenden Fragen: Wie viel Spaß ist erlaubt? Welche Art von Humor bevorzugen, ja vertragen Brautpaar und Gäste? Welche Geschichten kann man guten Gewissens ausbreiten, auf welche sollte man besser verzichten? Damit die Hochzeitszeitung ihren Beitrag zu dem Fest leisten kann, braucht es also schon ein wenig Einfühlungsvermögen.

Als Faustregel sollte gelten: Eine Vermählung ist ein freudiger Anlass, und dazu sollte auch die Hochzeitszeitung passen. Das heißt: Spaß darf sein, muss sogar sein, aber nicht durch Indiskretionen oder auf Kosten des guten Geschmacks. Natürlich sollen auch die Gäste auf ihre Kosten kommen – da ist der eine oder andere Lacher nicht nur erlaubt, sondern sogar erwünscht. Schließlich feiert man zusammen, und da soll man sich auch amüsieren.

Die endgültige Entscheidung, ob ein Thema ins Blatt genommen werden soll oder nicht, trifft die Redaktion am besten auf demokratischem Wege. Auf jeden Fall hat sie es immer mit einem schwierigen Spagat zu tun: Gilt es doch einerseits, ein möglichst getreues Abbild des Brautpaares zu schaffen, dabei aber andererseits nicht zu tief in die Privatsphäre der Menschen einzudringen, denen sie ja zweifelsfrei eine Freude machen wollen. Weniger ist hier manchmal mehr.

Der Grundsatz bei der Themenfindung muss also heißen: Gibt es Zweifel an einem Thema, dann muss die Redaktion dieses Thema noch einmal diskutieren. Bleiben danach immer noch Bedenken übrig, sollte man den Beitrag besser fallen lassen. Es gibt immer genügend andere Themen, die niemandem wehtun.

Unterschied der Geschlechter

Ein sensibler Punkt ist außerdem der Unterschied zwischen den Geschlechtern. Es ist in unserer Gesellschaft – man mag dazu stehen, wie man will – nun einmal so, dass in Frauen und Männer gänzlich unterschiedliche Erwartungen gesetzt werden. Dies hat natürlich auch Auswirkungen auf die Hochzeitszeitung. Ob das richtig ist, soll an dieser Stelle nicht diskutiert werden. Aber es wird auch heute noch in Bezug auf Frauen (in unserem Falle also vor allem die Braut) mit einer »feineren Feder« gearbeitet, während Männer (der Bräutigam) häufig auch etwas derbere Scherze mit einem aufrichtigen Lachen quittieren.

Ein zugegebenermaßen stark überzeichnetes Beispiel soll das verdeutlichen. Wenn Sie schreiben: »Adam stank nach dem Oktoberfestbesuch wie ein alter Brauereigaul«, dann wird Adam dies im Nachhinein wahrscheinlich eher lustig finden, ebenso seine Freunde,

vielleicht auch sein Vater. Würden Sie dasselbe jedoch über Eva schreiben, so wäre sie mit ziemlicher Sicherheit »not amused« (von der Brautmutter ganz zu schweigen). Anekdoten über die Brautleute sollten Sie unbedingt in die Hochzeitszeitung aufnehmen. Dabei ist es nicht notwendig, dass Sie aus eigenem Erleben berichten. Vielleicht erfährt die Redaktion im Zuge ihrer Recherchen bei den Eltern der Braut, dass sich die »kleine Eva« jahrelang mit ihrer Schwester geprügelt hat, dass sie nur mit ihrem Lieblingsteddy einschlafen wollte oder dass sie panische Angst vor Spinnen hat. Alles dies ist für die Zeitung verwertbar. Die Faustregel lautet allerdings: Was den zu beschreibenden Menschen »greifbarer« werden lässt, ist erlaubt, sofern es ihn nicht in ein negatives Licht stellt. Für das genannte Beispiel bedeutet das: Evas Prügeleien mit ihrer Schwester haben nichts mit Brutalität, ihre Angst vor Spinnen hat nichts mit Hysterie zu tun. Wenn die berichteten Anekdoten diesen Schluss zuließen, hätten sie nichts in der Hochzeitszeitung verloren. Diese kleine Gratwanderung müssen die Verfasser beherrschen.

So heikel das Thema »Inhalte« bisweilen auch sein mag, auch hier gilt: locker bleiben. Wenn die Lebensgeschichte der Braut von einem vor lauter Vorsicht völlig verkrampften Autor geschrieben worden ist, wird die Leserschaft das dem Ergebnis in aller Regel anmerken. Wer eine Hochzeitszeitung produziert, sollte ab und zu auch ein wenig an sich selbst denken, denn auch die Herstellung soll Spaß machen. Schließlich opfern Sie einen großen Teil Ihrer Freizeit, und kaum jemand wird der Redaktion am Ende mangelndes Engagement vorwerfen. Ein Sprichwort lautet: »Eine Kunst, die niemand kann, ist: jedem Menschen Recht getan.«

Gemeinsamer Urlaub vor der Eheschließung ist ein gutes Training für den anvisierten neuen Status!

Welche Hilfsmittel braucht man?

Der Computer

Ein Computer ist die bequemste, schnellste und vielseitigste Möglichkeit, eine Hochzeitszeitung von der Idee zur Druckreife zu bringen. Angst vor der Technik brauchen Sie nicht zu haben. Für eine Hochzeitszeitung braucht man keinen unbezahlbaren High-End-Rechner. Ein ganz normaler Mittelklasse-PC reicht vollkommen aus. Sie sollten jedoch bedenken, dass sich etwa die Kapazität des Hauptspeichers oder die Rechenleistung des Prozessors spürbar in der Geschwindigkeit niederschlagen. Das macht sich besonders dann bemerkbar, wenn man digitale Bilder bearbeitet. Als Faustregel gilt hier: Je größer die Zeitung werden soll, je mehr Bilder sie enthält, desto leistungsstärker sollte der Computer sein.

Notwendige Geräte

Mit dem Rechner alleine freilich ist es nicht getan. Irgendwie müssen Sie ja die Fotos auf den Bildschirm bringen, sicher möchten Sie zwischendurch versuchsweise eine Seite auf Papier drucken, um die Früchte der bisherigen Arbeit in natura bewerten zu können. Deshalb ist eine Reihe von Zusatzgeräten notwendig. Das wichtigste ist ohnehin vorhanden – wo ein PC, da auch ein Bildschirm. Beim Zeitungmachen ist vor allem die Größe wichtig: Ein 17-Zoll-Bildschirm sollte es schon sein. Man möchte ja nicht immer nur einen kleinen Ausschnitt der Seite sehen, die man gerade bearbeitet. Ein weiteres wichtiges Hilfsmittel ist ein Scanner, um Papierfotos digitalisieren zu können. Heutige Geräte sind problemlos im Stande, die notwendige Qualität auch schon zu sehr vernünftigen Preisen zu liefern. Hier gilt lediglich: je günstiger das Gerät, desto länger die Wartezeiten, bis das Bild im Computer ist. Unterschiede bei der Bildqualität gibt es praktisch nicht. Die Bedienung ist dank der jeweils mitgelieferten Software bei modernen Geräten ein Kinderspiel. Die Arbeit unterscheidet sich von Modell zu Modell nur unwesentlich. Sollten doch einmal Probleme auftauchen, lassen sie sich mit einem Blick ins Handbuch normalerweise schnell aus der Welt schaffen. Notfalls tut auch das Internet gute Dienste. Hier bekommen Sie auf computertechnische Fragen fast immer eine fundierte Antwort.

Ähnlich wie beim Scanner sieht es beim Drucker aus: Auch hier steigt der Preis mit dem Anspruch. Wenn die Redaktion Wert darauf legt, die Zwischenergebnisse ihrer Arbeit in möglichst authentischer Qualität zu begutachten, dann sollte ein Fotodrucker neuerer Generation zur Verfügung stehen.

Ganz professionelle Teams werden nach Möglichkeit auf ein Gerät zurückgreifen, das auch mit dem größeren Format A3 zurechtkommt. Solche Drucker haben allerdings ihren Preis. Gibt man sich mit einer weniger anspruchsvollen Druckvariante zufrieden, reicht auch ein gewöhnlicher Tintenstrahldrucker. Immerhin können Sie das Arbeitsergebnis jederzeit auch auf dem Bildschirm überprüfen. Ein elektronischer Helfer, der die Arbeit ungemein erleichtert, ist eine Digitalkamera. Ein handelsübliches Gerät kompakter Bauart reicht für fast alle Eventualitäten aus. Natürlich gilt auch hier: Die Spiegelreflex mit acht Megapixeln wird bessere Ergebnisse liefern als die Zwei-Megapixel-Sucherkamera aus dem Supermarkt. Gleichwohl: Für die Arbeit an der Hochzeitszeitung reichen zwei Megapixel aus, drei sind besser, und mehr können jedenfalls nicht schaden.

Nebenbei bemerkt: Mehr Pixel bedeuten nicht automatisch mehr Qualität. Für den Zeitungsdruck genügen niedriger auflösende Geräte ohne weiteres. Einen praktischen Vorteil haben die modernen hoch auflösenden Kameras allerdings: Man kann aus solch großen Fotos problemlos Ausschnitte herausnehmen, die dann immer noch ohne Qualitätsverlust gedruckt werden können. Der vielleicht größte Vorteil einer Digitalkamera ist aber, dass Sie Ihre Bilder ohne nennenswerte Wartezeit direkt in den Computer – und damit in die Hochzeitszeitung – bekommen. Das eröffnet ungeahnte Möglichkeiten – besonders wenn man auf Aktualität bedacht ist. Ein wenig Timing und die richtige Planung für die Produktion genügen – und schon ziert ein wenige Stunden altes Foto vom Ringetauschen Ihre Titelseite!

Die Software

Der Computer steht einsatzbereit im Redaktionsbüro, der Scanner ist eingeschaltet, der Digitalfotograf eilt durch die Lande auf der Suche nach passenden Motiven – beste Voraussetzungen für eine schnelle und effiziente Arbeit. Möchte man meinen. Die ganze Technik hat jedoch keinen Zweck ohne die passenden Computerprogramme, die Software also. Texte müssen geschrieben, Bilder bearbeitet, Logos und Tabellen erstellt und zurechtgeschnitten werden. Das alles geht nicht ohne die richtige Software. Sie brauchen aber weder viel Geld auszugeben noch ein Computerfreak zu sein, um hervorragende Ergebnisse erzielen zu können.

Für die Textverarbeitung gibt es wohl kein bekannteres Programm als »Microsoft Word« – den Klassiker. Word ist mehr als nur ein Werkzeug, um Briefe oder eben Artikel für eine Zeitung zu schreiben. Das Programm ist gleichzeitig eine gute Plattform, um die Zeitung in ihre endgültige Form zu bringen, also das Layout zu gestalten. In Word können Sie Bilder, Tabellen und Logos einbinden, das Programm erlaubt die Nutzung unterschiedlichster Schriftarten und -größen. Außerdem gehört es seit Jahren bei praktisch jedem PC-Paket zur Grundausstattung. Wer es noch nicht auf seinem Rechner hat, ist gut beraten, sich auf dem Gebrauchtmarkt umzusehen. Es muss ja nicht die neueste Version sein. Allerdings ist hier ein wenig Vorsicht geboten: Sie sollten unbedingt darauf achten, dass Sie eine Original-CD mit Lizenz kaufen – Vorsicht also vor illegalen Raubkopien. Die Bilder – also Fotos, Grafiken, Logos, kurz alles, was kein Text ist – müssen druckgerecht aufbereitet werden. Für diesen Zweck sind Sie mit einem Freeware-Programm

Eine Digitalkamera vereinfacht die Gestaltung einer Hochzeitszeitung ungemein. Mit ihrer Hilfe lassen sich sogar »Last-Minute-Fotos« einbauen.

bestens bedient. Es heißt »Irfanview« und kostet keinen Cent. Unter www.irfanview.de können Sie dieses praktische Werkzeug kostenlos herunterladen. Damit verfügen Sie über ein äußerst effizientes Programm zur schnellen Bildbetrachtung und Bildbearbeitung. Trotz seiner geringen Dateigröße ist es in vielen Bereichen leistungsfähiger als große Grafikprogramme. Irfanview besticht durch Geschwindigkeit und Übersichtlichkeit, besitzt allerdings keine eigene Zeichen- oder Malfunktion.

Bildbearbeitung mit Irfanview

Die Bilder, Grafiken und Zeichnungen sind mehr als ein Sahnehäubchen: Sie sollen den Leser durch die Hochzeitszeitung führen. Entsprechend wichtig ist die Qualität der Bilder. Ein unscharfes Foto im ungünstigen Ausschnitt kann eine eigentlich schöne Seite förmlich zu Grunde richten. Deshalb ist nicht nur die Motivauswahl sehr wichtig. Heute kann man Fotos und andere Bilder am Computer sehr schön »aufpolieren«. Warum also diese Möglichkeit ungenutzt lassen?

Bevor Sie sich an die Bearbeitung des Bildmaterials machen, sollten Sie bedenken, dass der Computermonitor eine andere Auflösung verwendet, als sie für den späteren Druck auf Papier notwendig ist: Ein Foto, das auf dem Bildschirm gestochen scharf erscheint, kann völlig unscharf aus dem Drucker kommen. Das liegt daran, dass Monitore eine wesentlich niedrigere Auflösung haben, als sie für den Druck auf Papier nötig ist. Hierfür brauchen Sie mindestens 150 dpi. Ganz auf der sicheren Seite ist, wer ausschließlich Bildmaterial mit einer Auflösung von 300 dpi verwendet. Solche Fotos erscheinen gestochen scharf auf dem Papier.

Ein Foto hat vier besonders wichtige Eigenschaften: Schärfe, Helligkeit, Kontrast und Farbsättigung. Sie lassen sich mit etwas Übung, gesundem Augenmaß und ein wenig Routine mit Irfanview recht einfach richtig justieren.

Zunächst wird das Originalbild so, wie es aus der Kamera oder dem Scanner kommt, aufgerufen. Durch mehrmaliges Drücken der Taste »-« können Sie es so weit verkleinern, dass es voll sichtbar ist. Sie können auch in der Befehlsleiste das Menü »Ansicht« aufrufen. Hier gibt es die Option »Bild an Fenster anpassen«: So füllt das Foto immer den gesamten sichtbaren Bereich der Anzeigefläche aus.

Falls ein hochformatiges Bild im Uhrzeigersinn gedreht werden muss, drücken Sie die Taste »r«. Gegen den Uhrzeigersinn funktioniert das Gleiche mit »l«. Möchten Sie ein Bild nur ein wenig schräg stellen, öffnen Sie zunächst »Bild/Effekte/Einstellungen-Vorschau«. Bei »Fine Rotation« geben Sie einen passenden Winkel ein und überprüfen das Ergebnis. Wenn das Ziel den Vorstellungen entspricht, bestätigen Sie es mit »OK«. Eine interessante Möglichkeit bietet Irfanview für die Freunde von Collagen: Mit der Maus können Sie jederzeit eine rechteckige Fläche auf dem jeweils angezeigten Bild markieren. Oben in der Befehlsleiste findet sich eine kleine Schere. Ein Klick auf dieses Symbol schneidet die markierte Fläche aus dem aktuellen Foto aus. Nun können Sie ein neues Foto aufrufen, an der gewünschten Stelle ein passendes Rechteck markieren und hier den vorher ausgewählten Ausschnitt einfügen. Dazu klicken Sie entweder mit der rechten Maustaste in die Zielfläche und wählen dann in dem erscheinenden Fenster »einfügen« oder Sie verwenden das entsprechende Symbol oben neben der kleinen Schere. Es sieht aus wie ein Klemmbrettchen mit einem kleinen beschriebenen Blatt darauf.

Umgekehrt besteht die Möglichkeit, einen Teil eines Bildes auszuwählen und unerwünschte Teile vollständig wegzuschneiden. Dazu markieren sie wieder mit der Maus den gewünschten Bereich. Mit »Bearbeiten/Freistellen« wird dieser Bestandteil des Fotos ausgeschnitten.

Nun kann noch die Bildgröße angepasst werden. Dazu wählen Sie »Bild/Größe ändern« und geben die gewünschte Breite vor. Die Höhe ergibt sich automatisch, weil die Relation der Seitenlängen erhalten bleibt, wenn Sie im Menü »Größe ändern« die entsprechende Option mit einem Häkchen versehen haben. Ein wenig Vorsicht ist hier allerdings geboten. Wie bereits angesprochen, benötigt man für den Druck eine gewisse Mindestauflösung. Unter »Größe ändern« lässt sich auch dieser Parameter einstellen. Er bleibt auch dann erhalten, wenn Sie ein Bild oder einen Ausschnitt noch weiter vergrößern. Das geht aber nur bis zu einer gewissen Grenze. Die Auflösung bleibt zwar erhalten, die Bildqualität wird aber ab einer bestimmten Größe sichtbar leiden. Umgekehrt können Sie ein Bild beliebig verkleinern – dabei wird es eher noch an Schärfe zunehmen.

Öffnen Sie das Menü »Bild/Farbe ändern«, so können Sie mit der Feinjustierung beginnen. Hierzu blendet Irfanview zwei kleinere Ansichten des zu bearbeitenden Bildes ein. Das linke entspricht der Originalaufnahme, rechts haben Sie die Möglichkeit, Ihre jeweiligen Änderungen zu überprüfen. Die Bedienung ist denkbar einfach: Mit den Schiebereglern für Helligkeit und Kontrast tasten Sie sich an das gewünschte Ergebnis heran. Der Regler »Gamma-Justierung« ist eine Art Universalwerkzeug, der auch die Sättigung mit einbezieht. Wem die Ansicht

im rechten Kontrollfenster zu klein ist, der kann mit »Auf Bild anwenden« in voller Größe entscheiden, ob alles richtig eingestellt ist. Sie sollten darauf achten, Farbstiche vor dem Druck »auszubügeln«.

Nun kann noch die Schärfe verbessert werden. Dazu öffnen Sie zunächst »Bild/Effekte/Einstellungen-Vorschau« und stellen für »sharpen« den Wert »10« ein. Anschließend bestätigen Sie mit OK. Wenn der Effekt nicht ausreicht, können Sie mit »Bild/Schärfen« das Schärfen beliebig oft wiederholen. Übertreiben sollte man hier wiederum nicht. Ein überschärftes Bild wirkt unnatürlich und hart – und bei einer verwackelten Aufnahme nützt auch das beste Bildbearbeitungsprogramm nichts mehr.

Sind alle Parameter wunschgemäß eingestellt, muss das neue Bild nur noch mit »Datei/Speichern unter« unter einem neuen Namen gespeichert werden. Als Dateityp wählen Sie am besten JPG. Dieses Format spart Speicherplatz und bringt praktisch keine Qualitätsverluste mit sich.

Noch eine kleine Warnung: Die Bearbeitung von Bildern erfordert ein wenig Übung. Am besten nehmen Sie sich also vor der eigentlichen Arbeit ein bisschen Zeit zum Experimentieren. Irfanview bietet zahlreiche Möglichkeiten, die an dieser Stelle aus Gründen der Übersichtlichkeit nicht angesprochen werden sollen, aber den einen oder anderen netten Effekt ermöglichen. Fast alle lassen sich mit ein bisschen Experimentierfreude schnell finden, und die Bedienung ist einfach. Das Ergebnis Ihrer Versuche können Sie ja jeweils sofort am Monitor betrachten. Vorsicht sollten Sie allerdings mit der Option »Datei/Speichern« walten lassen. Einmal gedrückt, hat man das jeweilige Foto unwiederbringlich verändert. Es ist immer besser, fertig bearbeitete Bilder mit »Datei/Speichern unter« unter einem neuen

Die Bearbeitung von Bildern nimmt erstaunlich viel Zeit in Anspruch. Berücksichtigen Sie das bei der Planung.

Dateinamen zu sichern. So bleibt Ihnen das Original erhalten, und Sie können im Zweifelsfall einen neuen Versuch starten. Für alle anderen Befehle gilt: Mit der Tastenkombination »Strg + z« lässt sich jeder Arbeitsschritt sofort wieder rückgängig machen. Allerdings nur der jeweils vorangegangene!

MS Word – Die wichtigsten Kenntnisse für richtiges Schreiben und Layout

Microsoft Word: Es gibt wohl kaum einen Windows-Rechner, auf dessen Festplatte nicht eine Version dieses Textverarbeitungs-Klassikers installiert ist. Die Arbeit an der Hochzeitzeitung ist mit diesem Programm recht einfach zu bewerkstelligen: Sie sehen auf dem Monitor, wie die fertig ausgedruckte Zeitung aussehen wird.

Zu Beginn tut man gut daran, erst einmal eine leere Musterseite anzulegen. Dazu wählen Sie im Menü »Datei« den Unterpunkt »neu«: Eine leere Seite erscheint – allerdings im Format A4. Diese Größe ist für eine Zeitung nicht ratsam, wirkt sie doch eher wie eine Illustrierte. Deshalb klicken Sie erneut auf »Datei« und wählen den Unterpunkt »Seite einrichten«. Hier können Sie das Format der Zeitungsseiten einstellen. Das Gleiche gilt für Seitenränder, Fußzeilen oder Nummerierung.

Besonders wichtig für eine Zeitung ist die Zahl der Spalten: Dieser Parameter lässt sich im Menü »Format/Spalten« einstellen. Die hier gewählten Zeilenabstände und Spaltenbreiten müssen mit den Maßen übereinstimmen, die Sie beim Schreiben der Artikel verwenden. Sonst passen anschließend Seitenlayout und mehrspaltige Artikel nicht zusammen.

Um einen Artikel zu schreiben, öffnen Sie am besten eine neue Seite im Format A4. Am einfachsten ist es, wenn Sie zunächst ihren jeweiligen Artikel oder Spruch tippen. Anschließend formatieren Sie den Text. Dazu wählen Sie die gewünschten Zeilen aus. Das funktioniert mit der Maus: Man bewegt den Zeiger zum ersten Buchstaben, den man ändern möchte, drückt die linke Taste und bewegt die Maus anschließend zum Ende der zu bearbeitenden Textstelle. Nun legen Sie erst einmal fest, wie viele Spalten der Artikel haben soll. Word erlaubt in der Schnelleinstell-Variante über die Symbolleiste bis zu vier. Das reicht vollkommen aus. Schon aus Gründen der Übersichtlichkeit ist der »Vierspalter« in der Zeitungsbranche typischerweise der größte Artikel. Schnell einstellen lässt sich die Spaltenzahl mit dem Symbol gleich neben der Darstellungsgröße.

Brauchen Sie doch einmal mehr Spalten, verwenden Sie das Menü »Format«. Hier findet sich der Punkt »Spalten« wieder und hier gibt es keine Limitierung. Nun haben Sie verschiedene Möglichkeiten, um den Artikel den eigenen Wünschen anzupassen: Unter »Format/Zeichen« kann man Schriftgröße und Schriftart, ja sogar die Farbe verändern. Dazu finden sich in den entsprechenden Menüs reichhaltige Auswahlmöglichkeiten. Am besten probieren Sie die verschiedenen Möglichkeiten aus. Die klassische Schriftart für den Zeitungsdruck, die »Times New Roman«, ist bei Word normalerweise schon voreingestellt.

Haben Sie einen mehrspaltigen Artikel fertig, geht es an die Überschrift. Am einfachsten kommen Sie zum Ziel, wenn Sie diesen Artikelbestandteil – auch Kopfzeile genannt – erst einmal an den Anfang des Artikels schreiben. Nun können Sie ihn markieren und mit dem bereits bekannten Menüpunkt

»Spaltenanzahl« wieder auf »einspaltig« einstellen. Natürlich sollte sich eine Kopfzeile vom übrigen Artikel abheben. Das erreichen Sie über die Schriftgröße. Gängige Größen reichen von 18 Punkt bis hin zu 36 Punkt. Wer mag, kann natürlich noch größere Überschriften verwenden. Allerdings wirkt die fertige Zeitung im Anschluss unter Umständen ein wenig marktschreierisch. Für den Fließtext verwenden Sie am besten die gleiche Schriftart wie in der Überschrift. Die Größe sollte hier zwischen zehn und zwölf

Punkt liegen. Alles, was kleiner ist, lässt sich schlecht lesen, größere Buchstaben wecken vielleicht beim einen oder anderen Leser den Anschein eines Kinderbuches. Einstellen können Sie Schriftgröße und Schriftart mit zwei selbsterklärenden Menüs in der Befehlsleiste: Wenn Sie den gewünschten Textteil markiert haben, dem Sie ein neues Gesicht geben möchten, klicken Sie auf den kleinen Pfeil neben der momentan eingestellten Schriftart. Nun können Sie unter einer Vielzahl von Schriftarten

Beispiel für den Seitenplan einer 16-seitigen Hochzeitszeitung, wobei die Seiten 1 und 16 die äußeren Umschlagseiten bilden.

Für die Seiten 1 und 16 (= Umschlag) sowie für die Innenseiten 2 bis 5 wurde ein Gestaltungsvorschlag gemacht. Sie finden diese vergrößert auf den Seiten 30/31, 60/61 und 68/69 vor.
Ein farbiger Ausdruck der Umschlagseiten dürfte in heutiger Zeit kein größeres Problem mehr sein, während die Innenseiten nicht unbedingt farbig zu sein brauchen. Hauptsache, sie enthalten möglichst viele Texte und Bilder, die auch wirklich mit dem Brautpaar bzw. deren Familien und Freundeskreis zu tun haben.

wählen. Der Fantasie sind hier keine Grenzen gesetzt, und der Computer verzeiht fast jedes Experiment. Schließlich gibt es auch in Word die Möglichkeit, jeden Arbeitsschritt sofort rückgängig zu machen – einfach in der Schaltfläche auf den »Rückwärts-Pfeil« klicken.

Ein weiteres Gestaltungselement für die Artikel ist die Ausrichtung der Zeilen, also auch der Überschrift. In Zeitungen wird üblicherweise der Blocksatz verwendet. Die entsprechende Option findet man wieder im Menü »Format«. Unter »Ausrichtung« lässt sich der jeweils markierte Text in die gewünschte Form bringen. Für Überschriften, besonders wenn sie über zwei Zeilen laufen, bietet sich das Zentrieren an.

Einbauen der Bilder und Texte

Nun müssen die fertig bearbeiteten Texte und Bilder eingebaut werden. Dazu verwenden Sie das Menü »Einfügen«. Hier finden sich die Optionen »Grafik« und »Textfeld«. Um ein Foto oder ein anderes Bild einem Artikel zuzuordnen, wählen Sie die Option »Aus Datei«. Man sucht den Ordner, in dem man die Bilder für die Hochzeitszeitung gesammelt hat, klickt auf das entsprechende Foto und bestätigt mit »Einfügen«.

Nun klicken Sie auf das Bild, woraufhin sich eine kleine Bearbeitungsleiste öffnet. Mit ihrer Hilfe haben Sie die Möglichkeit, das jeweilige Bild weiter zu bearbeiten. Das sollte allerdings dank Irfanview nicht mehr nötig sein. Deshalb klicken Sie zunächst auf das rechte Symbol. Damit bringen Sie das Foto in Originalgröße auf das Blatt. Nun haben Sie die Möglichkeit – falls Sie das möchten –, einen Rahmen um das Element zu ziehen. Dazu klicken Sie auf das Symbol mit den parallel verlaufenden Linien und suchen sich die gewünschte Rahmenstärke aus. Anschließend können Sie das Bild per

Mauszeiger an die gewünschte Stelle im, über oder unter den Artikel manövrieren. Steht das Bild direkt im Artikel, so wird der Text automatisch verdrängt.

Auch in Word haben Sie die Möglichkeit, die Größe des Fotos zu verändern. Dazu zielen Sie am besten mit dem Mauszeiger auf eins der vier Kästchen am Bildrahmen und schieben oder ziehen so lange, bis das gewünschte Format erreicht ist. Doch Vorsicht: Hier kann es leicht passieren, dass die Proportionen am Ende nicht mehr passen. Man braucht schon ein gutes Augenmaß, um Breite und Höhe auf diese Weise im Einklang zu halten. Es ist also besser, Fotos schon mit Irfanview auf die richtige Größe zu trimmen.

Sind alle Artikel fertig geschrieben – und am besten schon möglichst in Form gebracht –, können Sie sie auf den noch leeren Zeitungsseiten platzieren. Dazu wählen Sie das Menü »Einfügen« an. Hier klicken Sie auf »Datei«, wo sich der Unterpunkt »Word-Dokumente« findet. Man wählt den gewünschten Artikel aus und bestätigt mit der Schaltfläche »Einfügen«. Nun beginnt das eigentliche Layout: Es gilt, die vorbereiteten Artikel auf der Seite zu verteilen. Hier gibt es kaum Alternativen zum »Learning-by-doing-Prinzip«.

Einige Faustregeln aus der Zeitungsbranche sollen allerdings nicht unerwähnt bleiben: Fotos und Bilder sind ein Blickfang auf der Seite. Sie führen den Leser gleichsam durch die Zeitung. Deshalb sollten sie möglichst ausgewogen auf der Seite verteilt werden. Ideal ist eine V-förmige Anordnung. Wenn Sie viele Bilder zu verteilen haben, lässt sich das freilich nicht unbedingt realisieren. So schadet es nicht, wenn einmal zwei Fotos nebeneinander stehen. Anders sieht es mit Überschriften aus. Es gilt als Kardinalfehler, wenn zwei große Artikel direkt nebeneinander platziert sind, so dass der Leser die Kopfzeilen nicht auf den ersten Blick auseinander halten kann.

Word bietet eine riesige Zahl von Möglichkeiten, die den Rahmen dieses Buches bei Weitem sprengen würden, und der findige Hochzeitszeitungsmacher wird sicher noch eine Vielzahl von Gestaltungsmöglichkeiten entdecken.

Schreibmaschine, Schere, Klebstoff und Papier – Zeitung machen auf die traditionelle Art

In früheren Zeiten – und die sind noch gar nicht allzu lange her – waren auch in professionellen Zeitungsredaktionen Schreibmaschine, Klebstoff und Schere die wichtigsten Arbeitsgeräte. Das funktioniert selbstverständlich auch heute noch. Wer lieber auf die Dienste eines elektronischen Helfers verzichten möchte, kann es so halten wie die Zeitungsmacher aus vergangenen Tagen: Man bringe seine Texte auf der guten alten Schreibmaschine zu Papier, greife zu Schere und Klebstoff und platziere den fertigen Artikel auf einem leeren Blatt. Auf die gleiche Weise werden Bilder in die Zeitung eingebaut. Diese Arbeitsweise hat allerdings den Nachteil, dass es weniger einfach ist, Änderungen am Layout oder in den Texten vorzunehmen. Die traditionelle Methode erfordert also ein bisschen mehr Aufmerksamkeit von der Redaktion: Kleine Fehler, die kurz vor dem Drucktermin noch ins Auge stechen, können die Arbeit von vielen Stunden zunichte machen.

Wenn Sie ein paar Grundsätze beachten, können Sie aber auch auf diese Weise eine Hochzeitszeitung herstellen, die von der digital erstellten Variante kaum zu unterscheiden sein wird. Die wichtigsten Tipps sind einfach: Wer sorgfältig arbeitet, spart Zeit und Nerven. Es ist besser, einen Text einmal langsam und sorgfältig zu verfassen, als den gleichen Artikel dreimal zu schreiben und sich über die unvermeidlichen Tippfehler zu ärgern.

Bevor Sie mit dem Klebeumbruch – so heißt diese Methode im Fachjargon – beginnen, brauchen Sie natürlich erst das berühmte weiße Blatt Papier. Es empfiehlt sich, gleich von Anfang an dasjenige Format zu verwenden, in dem die Zeitung gedruckt werden soll. Aus einem solchen Blatt konstruieren Sie sich zunächst eine Musterseite. Dafür gibt es einige Grundbausteine.

Beispiel für eine Klebeumbruchseite.

Als Erstes sollte die Redaktion festlegen, wie viele Spalten die Zeitung haben soll. Wichtig ist außerdem der Seitenkopf: Damit ist der Abstand vom Rand des Blattes bis zum Anfang des ersten Bildes oder Artikels gemeint. Er sollte auf jeder Seite gleich hoch sein. Bei der Gestaltung des Seitenkopfes haben Sie wieder sehr viel Spielraum. Natürlich bietet es sich an, den Titel der Zeitung, das Datum und die jeweilige Seitennummer aufzunehmen.

Schon aus gestalterischen Gründen sollten Sie außerdem rings um jedes Blatt einen Rand stehen lassen. Unter Profi-Layoutern gibt es ein geflügeltes Wort. Es lautet: »Der Weißraum spielt mit.« Das bedeutet nichts anderes, als dass nicht jeder Quadratzentimeter der Hochzeitszeitung mit Artikeln, Fotos oder Logos zugepflastert werden sollte. Sie dürfen ruhig ein bisschen Abstand zwischen den Elementen auf der Seite lassen. Echte Zeitungsprofis achten außerdem darauf, dass möglichst niemals zwei Überschriften direkt nebeneinander stehen. Auch Bildelemente sollten nach Möglichkeit nicht aneinander angrenzen. Im Idealfall beginnt man eine linke Seite – das sind diejenigen mit den geraden Seitenzahlen – mit einem Bild in der linken oberen Ecke. Das nächste Foto oder Logo wird dann ungefähr auf Höhe der Seitenmitte platziert – und zwar rechts, möglichst weit außen. Mit einem Bild in der rechten unteren Ecke schließen Sie Ihre Zeitungsseite perfekt ab, vorausgesetzt natürlich, dass Texte und Bilder zusammenpassen. Sinn dieser Methode ist es, den Leser durch die Seite zu führen. Der Blick des Lesers fällt nämlich erfahrungsgemäß fast immer zuerst auf die Bildelemente. Erst dann widmet er sich den Texten.

Vorausschauend sein ist alles

Ein Computer kennt keine Fettflecken – Papier dagegen schon. Vorsichtiger Umgang mit der Klebstofftube ist deshalb genauso wichtig wie sachte gezogene Spaltenlinien und ein spitzer Bleistift. Je sparsamer Sie den Radiergummi einsetzen müssen, desto hübscher wird sich das Endergebnis nach dem Druck präsentieren.

Der wichtigste Tipp lautet aber: vorausschauend arbeiten. Wer eine Zeitung zusammenklebt, muss vom ersten Artikel bis zur letzten Kleinanzeige wissen, wie die fertige Seite aussehen wird – schon wenn die noch unberührte Seite auf dem Tisch liegt. Deshalb empfiehlt es sich, für jede Seite vor dem Kleben eine Zeichnung als Entwurf anzufertigen (siehe Abbildung Seite 17). Wenn Sie sich an diesem Seitenplan orientieren, erleben Sie keine bösen Überraschungen. Ein bekannter Spruch unter Zeitungsmachern früherer Tage lautete: »Der Teufel hat große weiße Augen. Und sie sind viereckig.« Gemeint waren die leeren Stellen auf fast fertigen Seiten, die niemand so recht zu füllen wusste. Nicht weniger ärgerlich ist es, wenn man für einen wichtigen Artikel keinen Platz mehr findet. Wer mit dem Klebeumbruch arbeitet, ist gut beraten, einen kleinen Vorrat an Füllmaterial bereitzuhalten. Das können weniger wichtige Artikel oder – besser noch – Kleinanzeigen oder Sprüche sein. Mit diesen Bausteinen sind Sie auch noch kurz vor Produktionsende gut gerüstet gegen leere Flächen und müssen nicht kurzfristig und unter Zeitdruck versuchen, möglichst passendes Material abzutippen.

Hochzeits zeitung

1.
2.
3.
4.
5.
6.
7.
8.
9.
10.
11.
12.
13.
14.
15.
16.
17.
18.
19.
20.
21.
22.
23.
24.
25.
26.
27.
28.
29.
30.
31.
32.
33.
34.
35.
36.
37.
38.
39.
40.
41.
42.
43.
44.
45.
46.
47.
48.
49.
50.
51.

Wie alles begann...

Damals im Urlaub an der See fing es an. Eric war ohne große Erwartungen zusammen mit seinem Freund auf die Ostsee-Insel gefahren, ohne auch nur zu ahnen, dass er gerade hier die Liebe seines Lebens finden würde.

Eva hatte eben eine Trennung hinter sich gebracht und wollte eigentlich auf dieser schönen Insel nur eines: völlige Ruhe haben und versuchen, einige Tage im Gleichklang mit der Natur zu leben, doch dann traf sie auf Eric, was mit einem Mal alles veränderte – so sagt man doch wohl in solchen Fällen…

An dem bewussten Tag begann der Morgen mit strahlendem Sonnenschein. Die Strandkorbvermieter hatten allem Anschein nach ein sehr

gutes Geschäft zu erwarten und liefen unruhig zwischen den langen Reihen der Strandkörbe hindurch, um sich zu vergewissern, dass auch all ihre »Kinder« blitzend und farbenfroh auf die Kundschaft warteten, als Eva, eben vom zeitigen Frühstück kommend, den menschenleeren Strand genoß, so, wie man ihn eigentlich nur zu früher Stunde

erlebte. Mit einem widersprüchlichen Gefühl dachte sie an die wenigen Tage der Erholung, die ihr hier noch bleiben würden und hatte sich deshalb vorgenommen, diese Zeit so gut wie möglich zu nutzen. Andererseits war sie irgendwie froh, dass sie der Alltag mit seinem mechanischem Rythmus bald wieder dazu bringen würde, weniger

Tipps zum Anlegen einer Seite

Zu viele unterschiedliche Bildgrößen erzeugen ein unruhiges Gesamtbild, was einen einheitlichen und somit professionellen Eindruck nicht aufkommen lässt. Zeitungen im DIN A3- und DIN A4-Format können in drei bis maximal vier Spalten aufgeteilt werden. Spalten erhöhen die Lesbarkeit von Texten, da Zeilen mit geringer Breite vom Auge besser wahrgenommen werden. Darüber hinaus strukturieren Spalten die Zeitungsseiten. Für kleinere Formate hingegen bietet sich der Zweispalten- oder gar der Einspaltensatz an, damit die Seiten nicht zu sehr zergliedert werden.

Diese Seite wurde 3-spaltig angelegt, die Hauptüberschrift und das Foto gehen jeweils über 2 Spalten.

Der »Zeilenkopf« ganz oben sollte auf jeder Seite der Hochzeitszeitung wiederholt werden, wie wir es von der Tageszeitung her kennen. Durch den »Zeilenzähler« am linken Rand können wir stets die einheitliche Höhe aller Seiten kontrollieren. Die zarten Hilfslinien (Spaltenlinien und Zeilenlinien) sind unentbehrlich beim Anordnen der Textzeilen, Überschriften und Bilder. Sowohl beim Anfertigen eines Klebeumbruchs, für den man mit dieser Hilfslinien-Struktur vorgedruckte Blätter benutzen kann, als auch beim Arbeiten am Computer ist solch ein Hilfslinienraster sehr wichtig.

Beispiel für die Aufteilung einer A4-Seite (hier auf 75% verkleinert).

In der Originalgröße beträgt der Schriftgrad für den Text 10 Punkt und der Zeilenabstand (= Abstand von Grundlinie zu Grundlinie) 15 Punkt.

Die Braut

Die beste Empfehlung für einen Mann steht geschrieben auf der heitern Stirn seiner Gattin.
Spruch

Die Braut im Alter von vier Jahren beim Ausprobieren späterer Berufswünsche: als Model, Dirigentin oder gar als Tänzerin?

Bei einer Hochzeit sind vor allem zwei Personen wichtig: Die Braut und der Bräutigam. Das liegt in der Natur der Sache. In einer Hochzeitszeitung sollte also auf diese beiden am meisten Wert gelegt werden – im Einzelnen, aber auch als Paar. Ganz nach dem Grundsatz »Ladies first« beginnen wir unsere Ideensammlung mit der Braut. Was gilt es über diese zu Papier zu bringen? Die Antwort auf diese Frage hängt natürlich weithin davon ab, wie gut der Verfasser des jeweiligen Artikels die Braut kennt. Eine Hochzeitszeitung sollte in erster Linie amüsant sein. Geschichten und Bilder aus der Kindheit der Braut bieten sich besonders an. Nett gemeinte Kommentare sowie der eine oder andere Spaß dürfen natürlich nicht fehlen. Die Zahl der möglichen Themen ist dabei nahezu unüberschaubar, jedoch irgendwo muss man schließlich beginnen …

Charaktereigenschaften der Braut

Wenn Sie die Braut vorstellen, kann das auf die verschiedensten Arten geschehen: charmant, fröhlich, ironisch oder augenzwinkernd – nur bierernst sollte es nicht sein. Sätze wie »Eva vereinigt Zielstrebigkeit und unerschütterliche Härte gegen sich selbst mit Pünktlichkeit und jederzeit freundlichem Auftreten« erinnern viel eher an ein Arbeitgeberzeugnis. Wie könnte es also stattdessen aussehen? Hier als Beispiel der Bericht einer guten Freundin:

Einkaufsbummel mit Eva sind gefürchtete Gewaltmärsche, denn sie weiß genau, was sie will. Und was sie will, will sie so schnell wie möglich. Als ihre Freundin muss man sich auch mit ihrer geradezu penetranten Pünktlichkeit abfinden. Und weil sie so entsetzlich ehrlich ist, wird man auch ständig mit Sätzen wie »Na, für dich reicht Größe 38 aber nicht mehr ganz, oder?« konfrontiert. Doch wenn man nach einem solchen Satz dann am Boden zerstört ist, ist es Eva, die ganz schnell mit den richtigen Worten für Aufheiterung sorgt. Das könnte damit zusammenhängen, dass sie die beste Freundin ist, die man sich wünschen kann.

Oder auch:

Ein Tag mit Eva ist wie ein Tag am Meer. Der strahlende Sonnenschein dort entspricht ihrem Gemüt, das angenehme Rauschen der Wellen ist wie ihr ausgeglichenes Wesen und der warme Sand unter den nackten Füßen vermittelt ein grenzenloses Wohlgefühl. Aber wehe, ihr begegnet ein unfreundlicher Tankwart, ein lästiger Verehrer oder ein aufdringlicher Polizist, der so dumme Fragen stellt wie »Wissen Sie eigentlich, wie schnell Sie gefahren sind?«. Passiert so etwas, wird aus dem strahlenden Gute-Laune-Himmel ganz schnell eine bedrohliche Sturmfront.

Wollen Sie die Charaktereigenschaften eines Menschen beschreiben, dann dürfen Sie sich auch gerne am Wetterbericht orientieren:

▮ Ein Tag mit Eva ist wie ein Sonnenstrahl ...
▮ Ihr Gemüt kann sich von »heiter bis wolkig« binnen weniger Sekunden in »kühl und regnerisch« verwandeln und genauso schnell wieder in »sonnig und warm« umschlagen ...
▮ Das Leben mit Eva muss man sich wie einen Sommertag mit Gewitterneigung vorstellen ...

Sie müssen sich natürlich nicht nur beim Wetter bedienen. Auch Anleihen beim Sport könnten sich anbieten.

▮ Eva organisiert ihr Leben [einen Tag, ein Fest ...] so souverän wie einst Franz Beckenbauer die deutsche Nationalmannschaft zum Weltmeistertitel.
▮ Evas Zähigkeit [Ausdauer, Willenskraft ...] ist legendär. Was für andere schon einen Marathonlauf darstellt, wirkt bei ihr wie ein gemütlicher Spaziergang ...

▮ Evas Charakter entspricht am ehesten der Vorhand von Steffi Graf: geradlinig, schnörkellos und niemals verdeckt geschlagen ...

Ein weites Feld für schöne Bilder ist natürlich auch das Fernsehen, wobei Sie darauf achten sollten, Sendungen zu zitieren, die wirklich jeder kennt.

▮ Manchmal wirkt Eva wie der Moderator von »Aktenzeichen XY«: ratlos, aber festen Willens, dies möglichst rasch zu ändern ...
▮ Wäre Evas Leben eine Fernsehserie, dann hätte sie wohl eher eine Hauptrolle bei den Simpsons als in der Lindenstraße ...
▮ Evas Charme könnte selbst einen Thomas Gottschalk zu einem sprachlosen Gummibärchen degradieren ...

Nun steht in den Passagen über die Braut natürlich nicht ständig deren Charakter im Mittelpunkt. Hobbys und Vorlieben sowie der Werdegang der jungen Frau sind weitere Themen, die nahe liegend sind und textlich verarbeitet werden sollten. Gewürzt mit einer feinen Prise gut austarierten Humors, sorgt beispielsweise ein Lebenslauf sicher für vergnügte Gesichter.

Der Werdegang
der jungen Braut in
Form eines Lebens-
laufs ist ein weiteres
sehr gutes Thema.

Lebenslauf

Die Tatsache, dass sie hier und heute auf dieser Festivität anwesend ist, mag als Beweis genügen, dass sie tatsächlich an jenem wunderbaren [Wochentag], den [Datum] im Jahre des Herrn [Jahr] erstmalig das Licht dieser Welt erblickt hat. Aus gewöhnlich gut unterrichteten Kreisen (Quelle: Mama) verlautet, dass ihr damaliges Äußeres noch nicht so recht mit ihrer heutigen Anmut vergleichbar gewesen sei.

Nachdem sie die Wirren der ersten Lebensjahre ohne bleibende körperliche und seelische Schäden überstanden hatte, widmete sie sich mit großem Eifer der Entwicklung ihrer heutigen, ausgeprägten Persönlichkeit. Besonders ihr musikalisches Talent kam schon sehr früh zum Vorschein.

Auch die Tierwelt wurde bald der Anwesenheit Evas auf dieser unserer Welt gewahr. Kaninchen, Hasen und junge Katzen waren ihrem jugendlichen Charme stets schutzlos ausgeliefert.

Ohne großes Aufsehen verlief die Kindergartenzeit. Eva war eben schon im zarten Alter von drei Jahren so brav, wie sie uns heute noch scheint. Dieser so wertvolle Charakterzug kam ihr beim Erstkontakt mit dem Ernst des Lebens sehr zugute.

Selten dürfte ein fleißigeres und aufmerksameres Mädchen seine Schultüte in die [Name der Grundschule] getragen haben als unsere heutige Hauptperson. Alsbald schlugen sich diese Vorzüge in ganz hervorragenden Zensuren nieder – wenn man einmal vom Fach [gerne auch mehrere eintragen] absieht: ein treffliches Beispiel dafür, dass man in der Schule eben doch nicht immer für das Leben lernt.

Eva verfolgte weiterhin konsequent ihren in der Grundschule eingeschlagenen Kurs und lieferte mit ihrem glänzenden Abschluss den schlagenden Beweis, dass [Zahlen, Rechtschreibung o. Ä., bitte auswählen] tatsächlich nicht immer zu den wichtigsten Qualitäten eines Menschen gehören.

Ganz im Gegenteil: Hätten die Talente Evas auf anderem Gebiet gelegen, sie hätte womöglich niemals ihre Ausbildung als [Beruf] bei [Name der Firma] in [Ort] begonnen. Diese Wahl wiederum hat sich ganz ohne Zweifel als glückliche Fügung erwiesen: Niemand kann sagen, ob sie auf anderem Wege ihren Adam kennen gelernt hätte. »Arbeit macht das Leben süß«, sagt man. Wie wahr, wenn man auf diese Weise die große Liebe trifft.

Adam wurde vom Kollegen zum Mann fürs Leben – und so feiern wir heute die »Fusion des Jahres«. In Zeiten unseliger Fusionen von Banken und großen Industriekomplexen eine wahrhaft menschliche Ausnahme.

Der Lebenslauf gehört wohl zu den interessantesten Artikeln in der Hochzeitszeitung. Mit ein wenig Einfallsreichtum wird es der Redaktion nicht schwer fallen, ein naturgetreues und gleichwohl unterhaltsames Bild der Braut zu zeichnen. Die Variationsmöglichkeiten jedenfalls sind schier unerschöpflich:

Als sie in die Schule kam, hatte sie endlich die Gelegenheit, ihre Hobbys einer staunenden Öffentlichkeit – also ihren Mitschülern – zu präsentieren. Nicht nur, dass die kleine Eva schon sehr ordentlich lesen konnte und mit dem ständigen Zitieren von Autokennzeichen ihren Vater beinahe in den Wahnsinn trieb. Nein, Eva beherrschte bereits die Anfangsgründe des Strickens und hatte zudem eine Vorliebe für wildes Klecksen mit Farbe. Die dabei entstandenen Bilder – aufgrund der verwendeten Farbmengen fast so schwer wie Spanplatten – verehrte sie nach und nach sämtlichen Verwandten, die aber mit der Zeit immer weniger Neigung zeigten, diese kleinen Meisterwerke in den vier Wänden aufzuhängen.

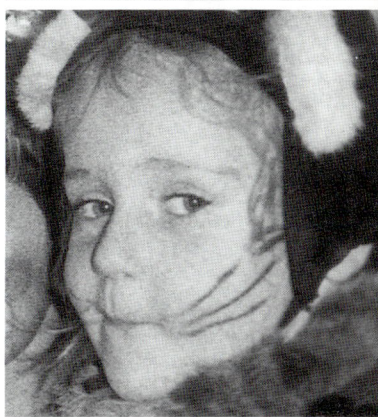

Nun stelle man sich also Evas Überraschung vor, als sie in der Schule an ein Fach geriet, in dem das Farbklecksen geradezu gefordert und das als »Kunst« bezeichnet wurde. Zudem wurde ihr vermittelt, dass Buchstaben nicht nur in Kombinationen wie »HH-KN 37« von Bedeutung sind, sondern dass man sie zu sinnvollen Wörtern zusammenfügen kann, aus denen sich wiederum sinnvolle Texte entschlüsseln lassen. Für Eva eine Offenbarung – für ihren autokennzeichengeplagten Erzeuger eine Erleichterung.

Somit waren zwei von Evas frühkindlichen Leidenschaften schon in geordnete Bahnen gelenkt. Als sich dann noch herausstellte, dass Stricken im Fach »Handarbeit« zu den Hauptanforderungen zählte, war Evas schulische Laufbahn gerettet. Was hätte jetzt noch schief gehen können? Kein Wunder, dass Lesen, Stricken und Malen noch immer zu ihren Lieblingsbeschäftigungen zählen.

Auch dieser Text beschreibt nichts anderes als Evas erste Schuljahre, ihre Hobbys, ihre Vorlieben. Doch die Inhalte sind verpackt in bewusst übertriebene, ganz nach Geschmack gerne auch ironische Begriffe (wildes Klecksen) sowie in kleine Anekdoten (ständiges Zitieren von Autokennzeichen). Hier entsteht ein Bild von Eva, das fassbar, nachvollziehbar und erlebbar wird. Ein wenig altklug war sie als Kind wohl, ein bisschen eitel vielleicht, aber auch lebhaft, aufgeweckt und schlau.
Apropos »kleine Anekdoten«: Es ist natürlich sehr schwierig, in einem Text über eine Person ausschließlich deren Charaktereigenschaften zu beschreiben. Irgendwann gehen Ihnen unweigerlich die Adjektive aus. Für diesen Fall sollten sie einen Vorrat an Anekdoten und Erlebnissen zur Verfügung haben. Besonders vorteilhaft sind Ereignisse, die Sie selbst miterlebt haben. Es fällt naturgemäß leichter, eine Geschichte aus der eigenen Erinnerung nachzuerzählen, als sich auf die Beschreibungen eines Dritten verlassen zu müssen.

Als die Verfasserin dieser Zeilen einst mit Eva durch die Innenstadt spazierte, kam uns beiden ein gewisser Thomas entgegen. Thomas, ein Mensch, der ganz und gar von

Die wundersame Wandlung von der zweijährigen »Welteroberin« über die Faschings-Katze zur diszipliniert übenden Geigenspielerin – alles in allem eine gute Schule für die Braut und zukünftige Ehefrau.

seiner eigenen Bedeutung überzeugt war, versuchte, »die beiden Grazien« (Zitat Thomas) zu einem gemeinsamen Diskothekenbesuch zu bewegen, was von Eva freundlich, aber entschieden abgelehnt wurde. Ihre Antwort war nicht ganz frei von unterschwelligem Sarkasmus: »Im Prinzip gerne, Thomas, aber wenn ich mit dir irgendwo gesehen werde, bin ich doch die Lachnummer des Abends. Nimm's nicht persönlich.« Ob Thomas es persönlich nahm, lässt sich heute nicht mehr sagen. Fest steht jedoch, dass Evas Ehrlichkeit stets sehr entwaffnend war.

Zugegeben, für diesen Thomas (es handelt sich nicht um den Bräutigam, der heißt Adam) ist diese Schilderung nicht eben schmeichelhaft, doch man kann an dieser Stelle getrost davon ausgehen, dass er nicht zur Feier eingeladen wurde und diese Darstellung wahrscheinlich nie zu Gesicht bekommen wird. Falls Sie die Begebenheit – aus welchen Gründen auch immer – lieber nicht in die Zeitung aufnehmen möchten, können Sie immer noch mit weniger spitzer Feder zu Werke gehen:

Niemand würde je vermuten, dass die so ordentlich und entschlossen wirkende Eva durchaus chaotische Züge haben kann. So bleibt beispielsweise der Moment unvergesslich, als sie nach langem Anprobieren zu einer genervten Schuhverkäuferin sagte: »Ich bin sicher, ich finde bei Ihnen noch etwas. Ich glaube, das erste Paar, das ich anprobiert habe, war gar nicht so übel.«

Eines sollten Sie aber bei derartigen Anekdoten grundsätzlich im Blick haben: Die Hauptperson – also die Braut – darf nicht schlecht dabei wegkommen. Ironie ist in Ordnung – Sarkasmus wäre verletzend und hat in der Hochzeitszeitung nichts verloren.

Spätestens seit dem Grimmschen Märchen »Aschenputtel« können die richtigen Schuhe sogar ausschlaggebend für den Verlauf einer Hochzeit sein.

Von der »Leichtigkeit des Seins« am Hochzeitstag sollte möglichst viel in den Ehealltag hinübergerettet werden.

Gedichte

Eine schöne Art zu gratulieren ist der Reim. Manche große und auch viele kleinere Dichter haben sich im Lauf der Jahrhunderte mit dem Hochzeitsfest befasst – und ganz hervorragende Beiträge für unsere Hochzeitszeitung geschrieben. Mit ein wenig Talent können Sie sich auch selbst an diese Materie heranwagen. Im Folgenden zunächst aber ein paar Beispiele aus wahrlich berufener Feder.

Du wirst im Eh'stand viel erfahren,
was dir ein halbes Rätsel war;
bald wirst du aus Erfahrung wissen,
wie Eva einst hat handeln müssen,
dass sie hernach den Kain gebar.

Doch Schwester, diese Eh'standspflichten
wirst du vom Herzen gern verrichten,
denn glaube mir, sie sind nicht schwer;
doch jede Sache hat zwei Seiten;
der Eh'stand bringt zwar viele Freuden,
allein auch Kummer bringet er.

Drum wenn dein Mann dir finstre Mienen,
die du nicht glaubest zu verdienen,
in seiner üblen Laune macht:
So denke, das ist Männergrille,
und sag: Herr, es gescheh' dein Wille
bei Tag – und meiner bei der Nacht.

Wolfgang Amadeus Mozart (1756 – 1791)
zur Hochzeit seiner Schwester

Ja, Lieschen, freien ist wohl gut,
sprach Vater Kunz, doch besser tut,
wer gar nicht freit! – So will ich dann
das Gute tun, fing Lieschen an,
das Bess're tue, wer es kann.

Johann Konrad von Einem (gest. 1799)

Selbst die glücklichste der Ehen,
Tochter, hat ihr Ungemach:
Selbst die besten Männer geben
öfters ihren Launen nach.
Wer sich von dem goldnen Ringe
goldne Tage nur verspricht,
o, der kennt den Lauf der Dinge
und das Herz des Menschen nicht.

Manche wirft sich ohne Sorgen
in des Gatten Arm wie du
und beweint am andern Morgen
ihre Freiheit, ihre Ruh'.
Aus dem Sklaven ihrer Blicke
wird ein mürrischer Tyrann;
banger Kummer folgt dem Glücke,
das mit ihrem Traum zerrann.

Doch dein Glück dir selbst zu schaffen,
Tochter, steht in deiner Hand:
Die Natur gab dir die Waffen,
gab dir Sanftmut und Verstand.
Lerne deines Gatten Herzen
liebevoll entgegengehen,
leichte Kränkungen verschmerzen,
kleine Fehler übersehen.

Friedrich Wilhelm Gotter (1746 – 1797)

Viele dieser Gedanken sind echte »Klassiker« – nicht nur durch die Äußerungen Mozarts.

»Die Eva sieht so glücklich aus …« – Matthias Claudius hat recht.

Die besten Eltern zu verlassen,
die Freunde, denen du verschwindest,
ist traurig. Doch, um dich zu fassen,
bedenke, was du wiederfindest.

Dein Glück, o Braut, es wird nicht minder
Und unsres wird durch dich vermehrt,
sieh, dich erwarten muntre Kinder,
die werten Eltern Gott beschert.

Und war das Band, das euch verbunden,
gefühlvoll, warm und heilig rein,
so lasst die letzte eurer Stunden
wie eure erste heiter sein!

Johann Wolfgang von Goethe (1749 – 1832)

Die Eva sieht so glücklich aus,
will heute Hochzeit machen.
Ein Engel Gottes soll ihr Haus
und ihren Hof bewachen!

Soll ihren edlen Mann und sie
ihr Leben lang bewachen
und's liebe, gute Bräuteli
und ihn recht glücklich machen.

Soll beiden liebe Kinderlein
die Hüll' und Fülle geben:
von Herzen, zart und fromm und rein
und hold und schön daneben.

Matthias Claudius (1740 – 1815)

An eines Baches Rande
stand ich in süßer Ruh'
und sah im klaren Spiegel
dem Spiel der Wellen zu.

Die blauen Falter flogen
vorbei im Sonnenschein.

Sie hatten viel zu flüstern
von Blumen an dem Rain.

Die Rose streute Blüten
wohl in den Bach hinein:
Das soll für meine Schwester
zu ihrer Hochzeit sein.

Aus dem 19. Jahrhundert

Liebe Tochter!
Wir geben dich her,
es fällt uns sehr schwer.
Ein Mann und ein Herz,
gegen unseren Schmerz.
Wir haben's gewusst:
Gewinn und Verlust.
Wir zogen dich groß,
nun sind wir dich los.
Wir kennen uns aus,
ein Mann kommt ins Haus,
da ändert sich viel.
Nun bist du am Ziel.
Füreinander bestimmt.
Die Ehe beginnt!

Georg Ihmann (geb. 1927)

Ratsam ist und bleibt es immer
für ein junges Frauenzimmer,
einen Mann sich zu erwählen
und wo möglich zu vermählen.

Erstens: will es so der Brauch.
Zweitens: will man's selber auch.
Drittens: man bedarf der Leitung
und der männlichen Begleitung;

weil bekanntlich manche Sachen,
welche große Freude machen,
Mädchen nicht allein verstehn;
als da ist: ins Wirtshaus gehn.

Wilhelm Busch (1832–1908)

Klassische Gedichte sind übrigens oft
ausgezeichnete Vorlagen für eigene Werke.
Sie brauchen den Erlkönig nicht neu zu
erfinden, aber wenn Sie ihn ein wenig
umdichten, dann haben Sie die Lacher im
Hochzeitssaal garantiert auf Ihrer Seite:

Wer sitzt dort im Ballsaal? Komm, sage
geschwind!
Es ist die Mama mit ihrem Kind.
Sie zupft ihr Mädchen ganz sachte am Arm,
sie fragt sie ganz leise, sie fragt sie warm:
»Mein Kind, was machst du ein banges
Gesicht?«
»Siehst, Mutter, du den Jüngling dort nicht?
Er lächelt mich an – mir zittern die Knie!«
»Mein Kind, der wär' eine klasse Partie!« –
»Verehrtes Fräulein, ich bin so dreist
und frage, ob für den nächsten Tanz deinen
Arm du mir leihst!«
»O Mutter, o Mutter, sag, hörst du denn
nicht,
wie frech jetzt der Jüngling zu mir spricht?«
»Bleib ruhig, sei unbesorgt, mein Kind,
man muss die Männer nehmen, wie sie halt
sind.«

Der Jüngling gleichwohl hat nur eines
im Sinn:
Mit ihr und sonst keiner will er zur Tanz-
fläche hin.
»O Mutter, o Mutter, siehst du nicht von
drüben dort
die beißenden Blicke, sie verheißen nichts
Gutes an diesem Ort!«
»Bleib ruhig, ich sehe sie wohl, mein Kind,
die Mädchen dort drüben nur neidisch sind.«
»Ich lieb' dich, mich reizt deine schöne
Gestalt,
in meinem Herzen, da stürmt's mit Gewalt!«
»O Mutter, er küsst mich, nun fasst er
mich an,
ich glaub's nicht! Schon wieder hat er's
getan!«
Die Mutter, sie weiß: Jetzt geht es
geschwind.
Sie streckt ihren Arm nach dem zitternden
Kind.
Der Jüngling beglückt, er hat sich getraut:
In seinen Armen das Kind ward zur Braut!

Die Möglichkeiten sind damit natürlich
noch längst nicht ausgeschöpft. Mit ein
wenig Talent und Ausdauer werden Ihnen
auch ohne schriftstellerische Erfahrung
richtige kleine Meisterwerke gelingen:

Eva nimmt das Leben leicht,
hat bekanntlich viel erreicht.
Eine Klass' gleich zwei Mal absolviert,
es hat ihr ja auch nicht pressiert.
Später dann mit Lockenschopf
und einer Brille auf dem Kopf
hat ihren Doktor sie gebaut.
Fürwahr doch eine dolle Braut.

*Die Frauen von
heute nehmen nicht
den Ersten, sondern
den Besten.*
Unbekannt

Hoch zeits Zei tung

Eva & Adam

A U G S B U R G

12. NOVEMBER 2004

Der Umschlag einer Hochzeitszeitung im Format DIN A4, der hier allerdings auf 80% Größe verkleinert werden mußte. Alle 3 Bilder für diesen Umschlag wurden am Vormittag des Hochzeitstages digital aufgenommen und an den dafür vorbereiteten Stellen kurzfristig platziert, sodass am Abend der Hochzeit ganz aktuelle Bilder in der Hochzeitszeitung zu sehen waren.

HERZLICHEN GLÜCKWUNSCH!

Liebe Eva, lieber Adam,

*völlig fassungslos, über-
rascht, erstaunt, schockiert,
geblendet, beeindruckt, hin
und weg, fasziniert und bewundernd nehmen wir eure
Hochzeit zur Kenntnis und
gratulieren von Herzen, mit
Schmerzen, unter Tränen der
Rührung, mit Begeisterung,
in aufrichtiger Freude, unter
tief empfundener Anteilnahme, mit begeisterter Zustimmung, in stillem Gedenken
und in vollem Bewusstsein
der erstaunlichen, unfassbaren, nie für möglich gehaltenen, phänomenalen, hin-
reißenden, großartigen und
grandiosen Tragweite eurer
weisen, klugen, nachvoll-
ziehbaren, schönen, sinn-
vollen und ermutigenden
Entscheidung.*

*Alles Gute, alles Liebe,
nur das Beste.*

12. 11. 2004

*Eva und Adam trauten es
sich und wir alle wurden
Zeugen dieses Ereignisses.*

Blick in die Zukunft:

2006: Eva bringt eine kleine
Simone zur Welt. Adam
wartete vor dem Kreißsaal
und erklärt allen anderen
Anwesenden, dass seine
Anwesenheit drinnen seine
Frau und den Arzt unerklär-
licherweise nervös macht.

Frühjahr 2008: Adam
schraubt das Namensschild
an das Eingangstor zum
eben fertiggestellten Einfa-
milienhaus an und weist den
Fahrer der Baumschule ein,
der den Apfelbaumsetzling
für den Vorgarten bringt,
womit er alle drei Voraussetzungen erfüllt hat, die einen
Mann ausmachen sollen:
Kind gezeugt, Haus gebaut
und Baum gepflanzt.

Schlager – neu getextet

Ändern Sie bekannte Liedtexte, sodass sie zu dem Anlass passen. Dafür eignen sich am besten die Lieblingslieder der Braut.

Über sieben Brücken musst' sie gehen,
13 lange Klassen überstehen.
Im Abitur wollt' sie die Beste sein,
war in Mathe nur ein armes Schwein.
(frei nach Peter Maffay)

Zugegeben, das »arme Schwein« ist ein Fall für die Redaktionskonferenz. Der Vers ließe sich auch durch »doch in Mathe trog der schöne Schein« ersetzen.

Sie sehen an diesem Beispiel, dass es wenig Aufwand erfordert, die Texte in einer Hochzeitszeitung auf die jeweiligen Umstände zurechtzuschneidern. Klassiker gibt es viele und die meisten beschäftigen sich ohnehin mit dem Thema, das naturgemäß auch die Hochzeitszeitung dominiert. Ein weiteres Beispiel, dessen Vorlage ein paar Jahrzehnte älter ist, aber dennoch von jedem erkannt wird:

Träumend an der Schreibmaschine
saß Eva mit verklärter Miene.
Die Sehnsucht des Herzens, die führte
die Hand.
Der Chef kam, er las es und staunte.
Da stand:

Am Sonntag wird mein Adam mit mir
feiern geh'n,
erst auf dem Standesamt,
oh, das wird wunderschön!
Am Sonntag will mein Süßer dann mein
Gatte sein,
zwar nicht so ganz allein
mit Gästen fein.

Und dann beim Abendrot
gibt es ein Abendbrot
auf unserm Segelboot
für meinen Süßen und für mich!
Am Sonntag will mein Adam mit mir
feiern geh'n,
mit einem Ringelein,
für immer mein allein!
(frei nach Robert Gilbert)

Mit Karel Gotts Hilfe verwandeln Sie das Lied über Maja in ein Lied über Eva:

In einem uns bekannten Land,
vor gar nicht allzu langer Zeit,
war eine Biene sehr bekannt,
von der sprach alles weit und breit.

Und diese Biene, die ich meine,
nennt sich Eva,
kleine, freche, schlaue Biene Eva.
Eva fliegt durch ihre Welt,
zeigt uns das, was ihr gefällt.
Wir treffen heute unsre Eva, ganz in Weiß,
diese kleine freche Biene Eva.

Eva, alle lieben Eva,
doch einer, ja einer ganz allein
wird heut ihr Allerliebster sein!

Sie brauchen sich auch hier nicht sklavisch an das Original zu halten, die obigen Beispiele zeigen es. Mancher Name wird vielleicht eine Silbe zu viel haben, vielleicht will der Ort nicht so recht in den Vers passen. Aber das sollte Sie nicht stören: Es geht um eine Hochzeitszeitung, nicht um den Grand Prix de la Chanson. Die Leserschaft wird es sicher gerne verzeihen und sich darüber amüsieren.

Betragen: Eva war stets eine fröhliche, aufgeweckte und mitteilsame Schülerin. Leider gab ihr Betragen nicht selten zu Beanstandungen Anlass. Auch ihre Leistungen vor allem in den wichtigen Fächern »Kurzfassen am Telefon«, »Kartenlesen als Beifahrerin« oder »Unterwürfigkeit« waren in keiner Weise zufrieden stellend. Daraus muss die Schlussfolgerung gezogen werden, dass Eva in vielerlei Hinsicht nicht ehetauglich ist. Das Einverständnis erfolgt somit nur unter Vorbehalt und dem ausdrücklichen Hinweis an den zukünftigen Ehemann: Heirat auf eigene Gefahr!

Sprüche über die Braut

»Im Wein liegt Wahrheit«, sagt man. Darüber lässt sich trefflich diskutieren. Am besten bei einem guten Glas Wein. Nicht anders verhält es sich mit einer Unzahl von Sprüchen – manchmal voller Weisheit, manchmal gut für einen Spaß.

Die meisten Frauen verlieren ihr Herz nur dann, wenn sie sicher sind, dass es gefunden wird.
Féllicien Marceau

❧

Die ideale Ehefrau kennt alle Lieblingsspeisen ihres Mannes – und alle Restaurants, in denen man sie bekommt.
Laura Antonelli

✠

Böse Weiber holt der Teufel auf der Mistgabel.
Wilhelm Busch

Evas Ehefähigkeitszeugnis

Eine interessante Variante, die Braut zu loben oder auch ein wenig auf die Schippe zu nehmen, sind Zensurlisten. Wenn sie etwa gedacht hat, ihr letztes Zeugnis sei das vom Schulabschluss gewesen, dann muss sie sich nun eines Besseren belehren lassen. Auch dafür ein Beispiel:

Abspülen: befriedigend
Abtrocknen: gut
Staubsaugen: ausreichend
Fensterputzen: sehr gut
Kochen: ausreichend
Kurzfassen am Telefon: mangelhaft
Kartenlesen als Beifahrerin: ungenügend
Unterwürfigkeit: ungenügend

Den Wein im Glase,
ein Mädel im Arm.
Das eine macht fröhlich,
das andere hält warm.
Ingeborg Düffert

Eine gute Schwiegermutter ist der Sonne gleich, die zur Tür hereinlacht.
aus der Mongolei

Die Frauen sind wunderbar praktisch. Viel praktischer als wir. In solchen Situationen vergessen wir oft, etwas vom Heiraten zu sagen, aber sie erinnern uns immer daran.
Oscar Wilde

Je länger ich über die Frauen nachdenke, desto mehr bin ich davon überzeugt, dass sie das Beste sind, was wir in dieser Art haben.
Georg Christoph Lichtenberg

Die glücklichste Ehefrau ist nicht die, die den besten Mann geheiratet hat, sondern die, die aus dem Mann, den sie geheiratet hat, den besten Ehemann gemacht hat.
André Maurois

Besser in der Wüste wohnen als bei einem zänkischen und zornigen Weibe.
Die Bibel

Die Mutter der Braut

Schwiegermutter werden ist nicht allzu schwer – Schwiegermutter sein dagegen sehr. Es ist ein altes Klischee, dass die Frau, die ihre Tochter in die Hände eines jungen Mannes geben muss, sich plötzlich in ein Sinnbild der Boshaftigkeit verwandelt. Seltsam eigentlich, hat sie doch (natürlich zusammen mit dem Brautvater) die Braut über viele Jahre behütet und erzogen und damit viel zu den Eigenschaften beigetragen, die der glückliche Bräutigam so sehr an seiner Zukünftigen schätzt. Und ganz nebenbei: Nicht selten sind

gerade die Schwiegermütter die beiden zweitschönsten Damen in der Hochzeitsgesellschaft.

Aber Klischees sind schließlich dazu da, um bedient zu werden. Dass das Thema Schwiegermutter ein Kapitel voller Fallstricke ist, muss wohl nicht eigens erwähnt werden. Es ist eben wie mit dem Essen: lieber nicht zu scharf würzen, sonst schmeckt es nachher nicht jedem. Das folgende Beispiel gehört – um beim kulinarischen Vergleich zu bleiben – sicher zu den würzigeren Speisen.

Interview mit der Mutter der Braut

[Name der Hochzeitszeitung]: Frau [Name der Brautmutter], am heutigen Tag wird Herr [Name des Bräutigams] Ihre Tochter ehelichen. Das ist zweifelsfrei ein großer Schritt für das Mädchen, sicher aber ein noch viel größerer für Sie als Mutter. Wir bitten Sie deshalb, unserer Redaktion aus gegebenem Anlass einige Fragen zu beantworten. – Glauben Sie, dass ein junger, unerfahrener Mann wie [Name des Bräutigams] in der Lage sein wird, den hohen Ansprüchen Ihrer Tochter – und vor allem den Ihrigen – gerecht zu werden und warum nicht?

[Schwiegermutter] ...

[Name der Hochzeitszeitung]: Glauben Sie, dass sich Ihre Tochter trotz ihres jugendlichen Alters bereits der Tragweite ihrer Entscheidung bewusst ist und warum nicht?

[Schwiegermutter]: ...

[Name der Hochzeitszeitung]: Die Tatsache, dass Sie selbst in sämtlichen die Ehe betreffenden Belangen hochgradig bewandert sind, ist in Fachkreisen unbestritten. Gedenken Sie, diese Ihre Erkenntnisse an das frisch gebackene Paar weiterzugeben, ob es nun will oder nicht? Und welche Methode werden Sie anwenden?

[Schwiegermutter]: ...

[Name der Hochzeitszeitung]: Die Präsenz von Schwiegermüttern in neu gegründeten Hausständen ist nicht unumstritten. Neben der quantitativen Komponente steht vor allem die Qualität der verbalen Meinungsäußerungen seitens der Schwiegermütter häufig im Mittelpunkt der Diskussion. An der Tatsache, dass Sie selbst in beiden Punkten ohne jeden Zweifel und unumschränkt im Recht sind: Gedenken Sie, die Rechte und Pflichten, die für Sie hieraus entstehen, im vollen Umfang durchzusetzen? Und vor allem: wie?

[Schwiegermutter]: ...

[Name der Hochzeitszeitung]: Wenn man bedenkt, dass das frisch gebackene Ehepaar über einen derart reichen Erfahrungsschatz wie den Ihren verfügen kann, dann leuchtet ein, dass die Auswahl des richtigen Ratschlages nicht immer einfach ist. Was sind Ihre ersten Worte an die Adresse des jungen Paares?

[Schwiegermutter]: ...

[Name der Hochzeitszeitung]: Frau [Name der Schwiegermutter], wir danken Ihnen für dieses aufschlussreiche Gespräch.

Zitate zur Schwiegermutter

Das Klischee der »bösen Schwiegermutter« ist keineswegs auf den hiesigen Kulturkreis begrenzt. Von der Mongolei bis nach Arabien ist die Mama der Braut (natürlich auch die des Bräutigams) gefürchtet. Die folgenden Zitate mögen das verdeutlichen.

Gut ist, wenn die Schwiegereltern fern und die Wasser nah sind.
Mongolisches Sprichwort

Die Schwiegermutter spricht Honig, aber sie meint Galle.
aus Spanien

Die Schwiegermutter ist vor der Hochzeit eine schlafende Katze, nach der Hochzeit ein gefräßiger Tiger.
aus Estland

Die Schwiegermutter ist gegen die Schwiegertochter und die Schwiegertochter gegen die Schwiegermutter zum Verdacht geneigt.
aus Arabien

Wer der Schwiegermutter schmeichelt, krault einen Tiger.
aus Malaysia

Jede Mutter hofft, dass ihre Tochter einen besseren Mann bekommt als sie selber.
Ingeborg Düffert

Was sagen die Sterne zum Bräutigam?

Ob man Fisch mag oder nicht, das ist Geschmackssache. Manche Damen legen jedoch Wert auf Fisch, und das dann gleich für das ganze Leben. Andere bevorzugen Stier oder Wassermann – die Sternzeichen spielen bei vielen Menschen eine große Rolle.

Wenn es denn nun kein Fisch geworden ist: Im Folgenden finden Sie »Gebrauchsanweisungen« auch für alle übrigen Tierkreiszeichen. Ob man den Sternen trauen darf, ist wiederum eine ganz andere Sache. Aber was wäre eine Zeitung ohne Horoskop?

Wassermann
(21. Januar bis 18. Februar)

Sie haben sich also einen Wassermann als Lebenspartner ausgesucht. Nun gut – dann sollten Sie sich von der Vorstellung eines ruhigen und beschaulichen Daseins verabschieden. Ihr Partner steckt voller Ideen, ist ein wahrer Visionär, ständig auf dem Sprung. Von nun an wird Ihnen nichts übrig bleiben, als mitzuhalten oder hinterherzurennen. Bleiben Sie lieber nicht allzu weit zurück. Sonst wäre es durchaus denkbar, dass er Sie auf seinem Weg vergisst. Wer sich einen Wassermann ausgesucht hat, sollte vorher wissen, auf was er sich einlässt. Sagen Sie nicht, wir hätten Sie nicht gewarnt! Doch keine Angst! Der Wassermann steckt voll hintergründigem Humor, Launen dagegen sind ihm fast völlig fremd. Sollte sich tatsächlich die unwahrscheinliche Situation ergeben, dass er still vor sich hinbrütet, ist das kein Grund zur Sorge.

Wahrscheinlich heckt er nur gerade wieder einen Plan aus, um die Welt zu verbessern. Hier ist Ihre Chance: Fragen Sie ihn nach seiner Idee, bewundern Sie ihn! Ihre – sicherlich berechtigten – Bedenken sollten Sie möglichst diplomatisch und unauffällig einflechten. Warten Sie's ab: nicht lange, und Sie werden Ihre eigenen Worte aus seinem Mund hören. Freilich wird er überzeugt sein, alles sei auf dem weiten Acker seines Genies gewachsen. Freuen Sie sich mit ihm und ernten Sie gemeinsam die Früchte!

Fische
(19. Februar bis 20. März)

Mit Ihrem Fisch haben sie einen großartigen Fang getan! Allerdings will er auch wohl versorgt sein. Ein Exemplar dieser Gattung saugt die ihn umgebende Atmosphäre mit geradezu übersinnlichen Fähigkeiten auf und hat die Fähigkeit, sich ihr schlagartig anzupassen. Das bringt natürlich auch seine Probleme mit sich: So kann er plötzlich auf unerkläriche Weise in Weltschmerz versinken. Da kann es Ihnen passieren, dass Sie erst einmal ein bisschen ratlos dastehen. Aber alles halb so wild: Halten Sie einfach seine Hand und reichen sie ihm das Taschentuch. Zeigen Sie Verständnis, wenn er Ihnen noch einmal erklärt, wie unerklärlich schlecht die Welt ist. Lenken Sie ihn ab, bringen Sie ihn auf neue Gedanken. Am nächsten Tag daran erinnert, wird der Fisch Sie ungläubig anstaunen, denn es scheint doch die Sonne und die Vögel zwitschern, wer könnte da denn traurig sein! Fische sind eben einfach spannende Menschen: Sie können jeden Tag anders sein, fröhlich, geheimnisvoll, manchmal auch verschlossen. Das sollten

Sie nicht als Launenhaftigkeit verstehen. Immer wird ein Teil vor Ihnen verborgen bleiben, denn Fische lieben Geheimnisse und geben ihre wahre Persönlichkeit von Haus aus ungern preis. Wenn Sie ein Entdecker-Typ sind, der nichts dagegen hat, jeden Tag eine Überraschung zu erleben, dann haben Sie mit dem Fisch Ihren Partner fürs Leben gefunden!

Widder
(20. März bis 20. April)

Harmonie um jeden Preis ist nicht Ihr Fall, Sie gehören ganz klar zur Kategorie »starke Frau«. So ein Widder-Mann kann nämlich tatsächlich reichlich dickschädelig sein, oh ja! Mit ein bisschen diplomatischem Geschick lassen sich solche Unbilden aber meistens relativ einfach regeln. Falls Sie mit einem Widder in den Ring steigen, sollten Sie eines beherzigen: Er will der Sieger sein. Immer. Die kluge Taktikerin weiß, wie sie ihrem hörnerbewehrten Liebling genau dieses Gefühl verschafft. Eine gute Portion Selbstbewusstsein kann jedenfalls nicht schaden. Stellen Sie ruhig hin und wieder klar, wer und was Sie für ihn sind. Einen kleinen Flirt hier und da können Sie ihm ohne weiteres zugestehen. Achten Sie einfach ein wenig darauf, dass Sie die Zügel nicht zu sehr schleifen lassen. Dann wird Ihr Widder zum zahmen Lämmchen!

Stier
(21. April bis 21. Mai)

O weia: Stier! Das klingt erst einmal ziemlich Furcht einflößend. Ist es aber gar nicht: Ihr Stier ist eigentlich gar nicht so schwer zu bändigen. Eine gemütliche Küche, ein schönes – im Idealfall selbst gekochtes – Essen, ein paar Kerzen und das Glas Rotwein nicht vergessen. Wenn Sie den guten Tropfen auch noch im edlen Kristall und nicht im Limoglas kredenzen: voilà – ein braver Stier! Wenn Ihr Stier mal grantelt, hat es nicht allzu viel Sinn, mit ihm zu diskutieren. Gehen Sie ihm einfach für eine Weile aus dem Weg, nach ein paar Stunden ist alles wieder im Lot. Wenn Sie clever sind, locken Sie ihn ja vielleicht auch schon etwas früher mit einer schönen Tasse Tee aus seinem Schmollwinkel. Das funktioniert nicht immer – mit der Zeit aber immer öfter!

Zwilling
(21. Mai bis 21. Juni)

Ihr Zwilling ist ein sehr geselliges Kerlchen. Er braucht immer genügend Ansprache, Haushaltsangelegenheiten erledigt er so ganz nebenbei. Es sei allerdings nicht verschwiegen, dass ein Zwilling gelegentlich zu einem Quäntchen Übernervosität neigt. Als seine Angetraute sollten Sie bei den ersten Anzeichen einer solchen Anwandlung dafür sorgen, dass er ein paar Stunden gemütlich mit Ihnen zu Hause verbringt. Das gibt ihm Gelegenheit zum Verschnaufen, bevor es ihn unweigerlich wieder in die große weite Welt hinaustreibt. Übrigens: Wenn so ein Zwilling explodiert, steht er in seinem Gebrüll dem Löwen und dem Widder in nichts nach. In solchen Fällen ist es am besten, wenn Sie warten, bis das Gewitter vorüber ist. Die Entschuldigung wird sicher nicht ausbleiben.

Was sagen die Sterne zu dieser Liaison? Sind sie dem Brautpaar wohl gesonnen?

Krebs
(22. Juni bis 22. Juli)

Ein Krebs-Mann ist ein Kerl von echtem Schrot und Korn! Meistens jedenfalls. Er liebt sein Heim und seine Familie mit allem was dazu gehört, über alles – Schwiegermutter und Kaffeekränzchen machen da keine Ausnahme. Auf der anderen Seite wird Ihr Krabbelmännchen nicht auf stur schalten, wenn Sie einmal ein Wochenende zu zweit alleine verbringen möchten. Wenn Ihr Krebs, was durchaus vorkommt, wieder mal in Trübseligkeit versinkt, sollten Sie ihm eine gute »Mutter« sein. Nehmen Sie Ihr Mondkind in den Arm, erzählen Sie ihm was Schönes, erfüllen Sie ihm einen Wunsch und küssen Sie seine Tränen weg. Meistens ist dann schon am nächsten Tag alles wieder in bester Ordnung.

Löwe
(23. Juli bis 23. August)

Ein Löwe will gepflegt und verpflegt werden. Und das, obwohl er eigentlich durchaus in der Lage ist, sich seine Beute selbst an Land zu ziehen. Vergessen Sie also keinen Geburtstag, halten Sie das nötige Geschmeide bereit und richten Sie eine große Party zu seinen Ehren aus. Er wird nicht einmal etwas dagegen haben, wenn Sie seine Kreditkarte dazu benutzen. Ein Tipp am Rande: Wenn er brüllen will, lassen Sie ihn brüllen. Diskutieren hat in solchen Situationen wenig Sinn. Oftmals weiß ihr Kätzchen hinterher gar nicht mehr, worum es eigentlich am Anfang ging. Als Ausgleich haben Sie einen Partner, mit dem Ihnen garantiert niemals langweilig werden wird!

Jungfrau
(24. August bis 22. September)

Der Gatte ist Jungfrau – klingt seltsam, irgendwie. Er will mit Sanftmut, Witz und Geduld erobert werden. Das haben Sie offensichtlich geschafft: Gratulation! Exemplare, die unter diesem Stern geboren wurden, sind ganz hervorragend für die Ehe geeignet. Jungfrauen brauchen Bodenständigkeit: also ein Haus, einen Garten, ein Kind, ein Buch – am besten ein Sachbuch –, eine Werkstatt, einen Mittelklassewagen und immer wieder mal ein gepflegtes Grillfest! Wenn Sie Ihrem Jungfrau-Mann eine Freude bereiten wollen, dann ist die heimische Küche ein wirklich heißer Tipp: ein romantisch schön gedeckter Tisch mit Kerzen und ruhiger Musik kann schon ausreichen. Ein Jungfrau-Mann ist eine Investition fürs ganze Leben!

Waage
(23. September bis 23. Oktober)

Ihr Partner ist also eine Waage. Das haben Sie fein gemacht. Gleichwohl sollten Sie bedenken: Eine Waage hat man nie mit Haut und Haaren ganz für sich alleine. Sie braucht für ihre Selbstbestätigung einfach ein Grüppchen von Leuten, wo sie sich bewundert fühlen kann. Bewundernswert ist dabei die Subtilität, mit der sie vorgeht! Schleppen Sie Ihre Waage zu einem Empfang, einer Vernissage, gehen Sie mit ihr ins Museum – sorgen Sie dafür, dass es ihr nie langweilig wird! Sollte Ihre Waage launisch werden, dann fühlt sie sich meistens ein bisschen vernachlässigt. Sie sollten ihr dann Ihre ganze Aufmerksamkeit schenken – vor allem täglich ein Quäntchen Liebe.

Skorpion
24. Oktober bis 22. November)

Eine kleine Warnung sei an dieser Stelle trotzdem erlaubt: Skorpione können fürchterlich eifersüchtig sein, falls ihr Partner es wagt, eigene Schritte zu unternehmen. Er selbst freilich hat schon ein wenig den Drang zur grenzenlosen Freiheit – was ihm nicht etwa den Ruf der Untreue einbringen soll, es gibt schließlich noch andere Dinge im Leben. »Rumzicken« läuft nicht beim Skorpion. Der Weg zum Ziel führt bei ihm grundsätzlich über eine schnurgerade Straße. Was er will, das will er gleich. Und bilden Sie sich nichts ein: Ein Nein, in welcher Lebenslage auch immer, lässt für einen Skorpion immer noch genügend Interpretationsspielraum. Spannender geht es kaum: Erlegte Beute könnte langweilige Beute für ihn sein. Je eifersüchtiger ein solcher Geselle, desto sicherer haben Sie ihn am Ende am Haken.

Schütze
(23. November bis 21. Dezember)

Da haben Sie sich wahrlich einen rührigen Lebenspartner auserkoren! Der Schütze braucht stets die Erweiterung – er muss reisen, muss andere Leute und Kulturen kennen lernen, und sei es nur über das Fernsehen! Seien Sie ihm also ein Quell der Inspiration, erzählen Sie ihm viel von dem Buchband über Nepal, den Sie kürzlich gelesen haben, über Ihren letzten Urlaub, den Sie gemeinsam mit den Eltern auf Elba verbracht haben, Ihre neuesten Erkenntnisse während der letzten Meditation und vor allem: Hören Sie anschließend geduldig seinem Vortrag zu, denn er hat mit Sicherheit zu allem eine eigene Erfahrung beizusteuern. Wenn Sie also eine gute Zuhörerin sind, dann haben Sie genau die richtige Entscheidung getroffen. Der Schütze ist tolerant, geduldig und ironisch humorvoll. Er schaut sich alles eine geraume Weile an. Und Sie halten ihn für jemanden, mit dem Sie alles machen können.

Steinbock
22. Dezember bis 20. Januar)

Ja, der Steinbock: Hier muss man ein wenig unterscheiden. Damen dieser Spezies, so heißt es, seien ein wenig einfacher zu handhaben als ihre männlichen Artgenossen. Sie werden es erfahren, schließlich haben Sie sich ja so ein hübsches Exemplar als Partner fürs Leben ausgesucht. Also: Er wird dickköpfig, wenn ihm etwas nicht passt, das gilt für die weiblichen wie für die männlichen Steinböcke. Ganz ohne diplomatisches Gespür ist man geradezu aufgeschmissen, denn so ein kleiner Hörnerträger kann geradezu unglaublich unlogisch werden. Mit ein bisschen Menschenkenntnis werden Sie ihn aber routiniert wieder auf den Boden der Realität holen und ihn mit seiner Umwelt versöhnen. Das kann zwar manchmal ein kleine Weile dauern Wenn Ihr Steinbock wieder mal vor sich hingrummelt, haben Sie zwei gute Möglichkeiten: Sie beschäftigen sich mit ihm, finden ein interessantes Thema oder Sie sagen ihm, was er anzuziehen hat, weil Sie in der Zwischenzeit ein paar Leute angerufen haben, mit denen Sie sich jetzt unbedingt treffen müssen. Bringt Ihnen zwar erst einmal noch ein bisschen mehr Gegrummele ein, aber Sie haben damit letztendlich einen durchschlagenden Erfolg!

Der Skorpion weiß was er will, und das möchte er dann auch haben. Ein recht konsequenter Zeitgenosse!

Der Bräutigam

*Beim Bräutigam
können auch schon
mal die Fauxpas
der Vergangenheit
thematisiert werden.*

Nach der Ideensammlung zur Braut wenden wir uns dem Bräutigam zu. Freilich könnte man es sich einfach machen und die beiden über einen Kamm scheren – frei nach dem Motto: Was für sie passt, kann für ihn nicht verkehrt sein.

Prinzipiell ist das durchaus richtig – schließlich bleiben die wesentlichen Ansatzpunkte die gleichen: Man schreibt über einen Menschen – Charakteristika, Anekdoten, Späße, Sprüche. Allerdings haben Sie als Schreiber beim Bräutigam in der Regel ein paar Freiheiten mehr, da sich der Humor der Männer bekanntlich vom weiblichen Spaßverständnis durchaus ein wenig unterscheidet. Der »Jäger und Sammler« gilt auch in der heutigen Zivilisation meist immer noch als etwas herber in seiner Wortwahl und darf somit in bestimmten Bereichen auch etwas kräftiger auf die Schippe genommen werden.

Beispiel: Welcher junge Mann ist nicht stolz auf die Streiche, die er – angeblich oder tatsächlich – während seiner Schulzeit begangen hat. Frauen reagieren hingegen zumeist weniger erfreut, wenn man sie mit Fehlern und Versäumnissen aus ihrer frühen Jugend konfrontiert. Dafür sind sie meistens wesentlich aufgeschlossener, wenn es um die humorvoll formulierte Bestätigung geschlechtsspezifischer Vorurteile geht: »Eva kann nicht einparken«, »Eva kauft ständig Schuhe«, »Eva macht dauernd Diät« – die Liste wäre endlos. Würde man solche Aussagen in der Hochzeitzeitung auf den Bräutigam übertragen, sollte man besser nicht zu sehr auf seinen Humor bauen. Denn einige Dinge im Leben eines Mannes stehen unverrückbar fest: Männer parken stets mustergültig ein, interessieren sich nicht – oder nur sehr wenig – für Schuhe, und müssen nie auf ihre Linie achten.

Charaktereigenschaften des Bräutigams

Wie schon bei der Braut, verdienen auch die Charaktereigenschaften des Bräutigams in einer Hochzeitzeitung eine Würdigung. Zu einem Text verarbeitet, könnte dies dann folgendermaßen aussehen:

Alten Hunden und jungen Katzen kann Adam prinzipiell nicht widerstehen. Da er viel auf Reisen ist, trifft er solche Tiere ziemlich oft. Gäbe es nicht diese lästigen Zollvorschriften und Einfuhrbeschränkungen, so hätte er wahrscheinlich schon einen ganzen Zoo zu Hause – Tiere, die entweder von ihm hochgepäppelt werden würden oder ihr Gnadenbrot erhielten.
Auch Kinder von Verwandten oder Freunden können sicher sein, dass Adam ihnen absolut nichts abschlagen kann. Allein

der Blick aus großen Kinderaugen in Richtung einer Gummibärentüte veranlasst ihn unweigerlich, dieselbe sofort zu kaufen. Dies ist zwar seinem Geldbeutel nicht immer dienlich, führt aber immerhin dazu, dass die Kinder ihn wirklich akzeptieren. Das kann man von den Frauen nicht behaupten, denn im Umgang mit dem anderen Geschlecht legt Adam häufig eine derartige Ungeschicklichkeit an den Tag, dass ein oft gehörter Stoßseufzer lautet: »So tollpatschig kann doch ein einzelner Mensch gar nicht sein«, wenn er einer Frau wieder mal Kaffee aufs Kleid oder Bier über den Mantel gekippt hat.

Während das obige Beispiel auch von jemandem verfasst sein könnte, der Adam eher flüchtig kennt und diese Dinge nur vom Hörensagen weiß, stammt der folgende Text aus der Feder eines guten Freundes.

Adams grenzenlose Gutmütigkeit ist zwar manchmal lästig, aber letztlich auch wieder ungemein erfrischend. In Singapur hat er ein paar Straßenköter wochenlang durchgefüttert, aus Mallorca drei halb verhungerte Kätzchen nach Deutschland geschmuggelt und an andere Tierfreunde abgegeben. Wenn man ihn beim Umgang mit Tieren beobachtet, wirkt er keineswegs so tölpelhaft wie im Umgang mit Frauen. Ein Wunder, dass Eva ihn erhört hat, denn die Art und Weise, wie er Frauen anzusprechen pflegt, kommt selten über den Satz »Hallo, ich bin der Adam. Bist du auch alleine hier?« hinaus. Wenn sich ein weibliches Wesen dann doch aus reiner Verlegenheit mit diesem tollpatschigen Troll auf ein Gespräch einlässt, kippt er ihr nach einer Weile unweigerlich Kaffee über ihren Rock, sodass weitere Kontakte kaum noch zu vermitteln sind.

Schon bei den Texten zur Braut wurden einige Beispiele aufgelistet, die Sie für ein Feature über die betreffende Person verwenden könnten. Das Gleiche folgt nun für den Bräutigam, wobei Sie wiederum auf eine entsprechende Gewichtung achten sollten. Für viele Männer – wenn auch nicht für alle – eignen sich Bilder aus dem Sport als Vergleich:

- Adam ist wie ein guter Boxer. Er nimmt die Deckung hoch, wenn es nötig ist, aber er kann auch austeilen, wenn er angegriffen wird ...

- So manchen Bodycheck hat Adam im Laufe seines Lebens aushalten müssen, aber er kam dann immer wieder auf die Kufen ...

- Adam ist wie ein guter Kicker: geradlinig, ehrlich und durchaus beinhart, wenn es sein muss ...

Die Beispiele zeigen, dass für viele Männer Bilder aus eher rauen Sportarten besser geeignet sind als beispielsweise vom Eiskunstlauf oder Synchronschwimmen. Vielfach passend sind auch bildhafte Vergleiche aus dem Bereich »Technik und Wissenschaft«:

/ Es war nur ein kleiner Schritt für die Menschheit, aber ein riesiger Schritt für Adam, als er sich endlich getraut hatte, Eva anzusprechen. Die Mondlandung war eine Kleinigkeit dagegen ...

/ Adam schwankt in seinen Leistungen zwischen einem Porsche und einem alten Opel Kadett Caravan: in fünf Sekunden von Null auf Hundert, wenn es darum geht, eine Arbeit zu Ende zu bringen, damit er es rechtzeitig auf den Fußballplatz schafft, aber bei der Hausarbeit [beim Staubsaugen, Bügeln] knirscht das Getriebe schon im ersten Gang ...

/ Bewundernswert ist, dass Adam fast immer in der Lage ist, Ruhe zu bewahren. Wird ihm zum Beispiel vorgeworfen,

bei ihm sei eine Schraube locker, kann es gut sein, dass er zunächst nach der Gewindebohrung fragt ...

Auch für die Beschreibung der verschiedenen Vorlieben und Hobbys des Bräutigams gilt: In einer Hochzeitszeitung sollte nichts stehen, was ihm peinlich sein könnte. So ist es zum Beispiel durchaus fraglich, ob Sie Adams Vorliebe für kitschige Filme erwähnen sollten. Auch dass er fürs Abspülen eine Lieblingsschürze hat, muss nicht unbedingt an die große Glocke gehängt werden. Denn derartige »Enthüllungen« könnten dazu angetan sein, dass Adam vor allem von anderen (Macho-)Hochzeitsgästen auf die Schippe genommen wird. Möglicherweise jedoch sind sowohl der Bräutigam als auch die geladenen Gäste und Mitleser souverän genug, auch solche Offenbarungen zu verkraften, ohne an der Männlichkeit des Beschriebenen zu zweifeln – auch dies also eine Frage, wie die Redaktion die Lage einschätzt.

Bei der Beschreibung von Vorlieben sollte die Redaktion abwägen, wie viel Offenbarungen Bräutigam und Gäste verkraften.

Lebenslauf

Schon als Dreikäsehoch verriet Adam einen Hang zum Erforschen komplizierter Technik. Er zerlegte Opas gutes altes Transistorradio äußerst fachmännisch in seine Einzelteile und weigerte sich, es wieder zusammenzusetzen, mit dem Hinweis, jetzt müsse er erst einmal Pause machen. Anschließend war dann allerdings eine neue »Baustelle« dran.

Früh wurde also offenkundig, dass aus Adam mal ein tüchtiger Handwerker werden könnte, was sich dann in der Schule bestätigte. Seine Töpferarbeiten im Fach »Kunsterziehung« waren weniger filigrane als vielmehr wuchtige Gebilde, deren Sinn sich jedem Betrachter sofort erschloss, weil auf jedem in großen Buchstaben das Wort VASE stand. Ganz nebenbei entdeckte der kleine Adam dabei die Bedeutung zielgruppenorientierten Marketings, denn Mama Erika behauptete bei jeder neuen VASE, dass sie sich genau so ein Modell schon immer gewünscht habe.

Dass Adam trotz seiner offenkundigen Abneigung gegen jede Form von Autorität aufs Gymnasium ging und damit seine Schullaufbahn entscheidend verlängerte, mag auf den ersten Blick widersprüchlich wirken. Wenn man aber bedenkt, wie viel Spaß er mit Knallfröschen in Papierkörben, Reißzwecken auf Lehrerstühlen oder Klebstoff auf Toilettensitzen haben konnte, werden seine Beweggründe bereits leichter verständlich.

Das Abitur bestand er zur Überraschung aller im ersten Anlauf, wobei sich jedoch am [Name einfügen]-Gymnasium hartnäckig das Gerücht hält, das Lehrerkollegium hätte alles Erdenkliche dafür getan, diesen Schüler loszuwerden. Im Studium begann er dann erstmals ernsthaft, sich für ein Leben nach der Kindheit zu interessieren. Doch ist es nach wie vor rätselhaft, warum er ausgerechnet Chemiker werden wollte.

Allerdings entdeckte er mit der Zeit, dass zwischen Männern und Frauen in bestimmten Fällen die Chemie durchaus auch stimmen kann. Mitten in diesem längst überfälligen Lernprozess lernte er in einer schummrigen Kneipe in Schwabing Eva kennen. Das Wort »schummrig« ist deshalb von Bedeutung, da Eva aufgrund der schwachen Beleuchtung seine übliche »Ausgehuniform« wohl nicht richtig wahrnehmen konnte: löchrige Jeans, ein T-Shirt mit der höchst originellen Aufschrift »Ich bin fast 30, helft mir über die Straße« und Uralt-Turnschuhe, die selbst der Retro-Trend schon links überholt hatte. Wie gesagt – all dies sah Eva nicht so deutlich, und bei der nächsten Begegnung hatte er bereits den mutigen Entschluss gefasst, sich wie ein zivilisierter Mensch zu benehmen und auch so zu kleiden. Diese Frau hatte ihn wirklich beeindruckt.

Ein wilder Kerl, dank Papi. Adam durfte schon sehr früh seinen ersten Western im Fernsehen gucken. Wenn das die Mami mitbekommen hätte?!

So sieht ein wahrer Genießer aus: Sonne, Strand, ein leckeres Eis – man kann sich lebhaft vorstellen, wie die Flitterwochen verlaufen werden.

*Adam übte sich
schon früh als Profi-
Fußballer ...*

*... und er übt immer
noch fleißig weiter!*

Ein Lebenslauf kann eine ziemlich ausführliche Angelegenheit werden, der vorstehende Text ist ein Beispiel dafür. Außerdem wird Adam fast pausenlos durch den Kakao gezogen, wenn auch die Sympathie des Schreibers für ihn offenkundig ist. Damit bewegt man sich auf einem sehr schmalen Grat, denn satirische Übertreibung ist nur erlaubt, wenn sie den solcherart Charakterisierten nicht bloßstellt.

Auch bei Texten über den Bräutigam sind kleine Anekdoten natürlich das Salz in der Suppe. Achten Sie nur darauf, dass diese nicht peinlich sind, und zwar für niemanden. Seine Freunde mögen es zwar im Rückblick durchaus noch erheiternd finden, dass er früher gerne und heimlich einer bestimmten Klassenkameradin nachgestiegen ist und sogar einst im Vollrausch seiner Lehrerin ewige Liebe schwor – die Braut wird solche Erinnerungen aber vielleicht nicht ganz so amüsant finden. Außerdem soll der gute Eindruck, den der frisch gebackene Ehemann bei den Schwiegereltern hinterlassen hat, nicht gleich wieder beeinträchtigt werden. Das heißt dann auch, dass Besäufnisse, Raufereien oder delikate Vorkommnisse auf Vereinsfesten, so es solche überhaupt gegeben hat, keinesfalls in die Hochzeitszeitung gehören. Wie wär's stattdessen mit dem folgenden Beispiel?

Natürlich wird seine Gutmütigkeit oft ausgenutzt, aber mittlerweile weiß sich Adam auch zu wehren. Als er zugesagt hatte, die Aufsicht über den Umbau des Sportheims zu übernehmen, aber zum Baubeginn mit Reiner und Thomas alleine dastand, schnappte er sich kurzerhand die Karaoke-Anlage, stellte sie hinten auf seinen Lieferwagen, nahm das Mikrofon und fuhr durch den Ort. Alle zehn Meter schallte es dann aus den Boxen: »Heute beginnt der Sport-
heimumbau. In diesem Zusammenhang werden Werner, Uwe, Kalle und Karl-Heinz zu Drückebergern des Tages ernannt.«

Hier wird Adam einerseits Gutmütigkeit attestiert – eine Eigenschaft, die gemeinhin von anderen gerne ausgenutzt wird. Andererseits aber verrät seine Reaktion eine große Portion Witz. Somit kommt der Bräutigam in dieser Episode richtig gut weg. So soll es sein. Es geht darum, Anekdoten und Erlebnisse aus Adams Leben zu notieren, in denen er letztlich »seinen Mann gestanden« hat. Für Männer ist das eben wichtig.

Bevor er Eva kennen lernte, spielte er regelmäßig als Mittelstürmer der Kreisliga-mannschaft des SV Kleindorf. Zwar schoss er für diese Truppe im Laufe der Jahre jede Menge Tore und soll sogar Begehrlichkeiten höherklassiger Vereine geweckt haben. Doch wirklich legendär wurde Adam durch seine Fähigkeit, nach Spielende im Vereinsheim ein Bier zu trinken, während er einen Handstand machte.

Welche Fakten werden beschrieben? Adam war Fußballer, er hat viele Tore geschossen und konnte Handstand machen und dabei Bier trinken. Noch weiter abstrahiert bedeutet der Text, dass Adam ein durchaus erfolgreicher und beliebter Sportler war, der allerdings jederzeit auch für Unsinn zu haben war und vermutlich noch ist. Das ist der Eindruck, den diese Zeilen vermitteln, und dieser Eindruck bleibt beim Leser auch haften. Die Ironie führt also in einem solchen Fall einfach dazu, dass das Lob für den Beschriebenen »getarnt« daherkommt, ohne damit jedoch an Wert zu verlieren. Dafür gleich noch ein Beispiel:

Einst brillierte Adam als Schauspieler der schulinternen Theater-AG. Seine Darstellung des Romeo bestach nicht unbedingt durch Textsicherheit, denn das Auswendiglernen war noch nie so recht seine Sache. Dafür aber riss seine Fähigkeit zur Improvisation die Zuschauer – vor allem die weiblichen – zu Beifallsstürmen hin, denn wo sonst hätte man einen klassischen Romeo den Satz sagen hören: »Es war die Nachtigall und nicht diese ... äääh ... diese ... na, dieser andere Vogel halt, meine Liebste, der an dein ängstliches Öhrchen drang.«

Auch in dieser Passage wird Adam gelobt – noch ein bisschen besser versteckt als im vorangegangenen Beispiel. Adam engagiert sich in der Theater-AG, ist offensichtlich nicht unbegabt und vor allem bei den Mädchen beliebt, so könnte man diese Zeilen begreifen. Die Pointe am Ende wird deshalb weder für Adam noch für einen anderen Leser peinlich oder irritierend sein.

Nun ist naturgemäß nicht jeder in der Lage, witzig oder unterhaltsam zu schreiben. Manch einer ringt verzweifelt nach Worten, wenn er – möglichst kurzweilig – den Lebenslauf eines anderen Menschen zu Papier bringen muss. Selbst die Schilderung einzelner Begebenheiten oder Erlebnisse kann zu einem harten Formulierungskampf werden. Für alle, denen das Schreiben schwer fällt und die dennoch »verdonnert« wurden, ein paar »lustige Zeilen« über den Bräutigam zu verfassen, folgen nun ein paar »Schnipsel«. Diese lassen sich in einem Text als Einstieg oder Überleitung verwenden und regen vielleicht an, eigene Formulierungen zu finden. Wenn es um Adams Vergangenheit (vor Eva) geht:

▰ Als Adams Leben noch frei war von weiblichen Einflüsterungen, da ...

▰ Früher, als Adam noch auf die guten Ratschläge seiner Freunde hörte ...
▰ Nicht immer war Adams Leben so aufregend wie heute, auch wenn es immer schon das eine oder andere Highlight gab. Ein Beispiel ...
▰ Als Adam noch jung und naiv war ...
▰ In grauer Vergangenheit, als Adam noch frei und ungebunden die Welt erkundete ...

Wenn es um bestimmte Ereignisse geht:

▰ ... da trug sich eines Tages die folgende Episode zu: ...
▰ ... da hatte sich Adam zur Überraschung aller Beteiligten etwas ganz Besonderes einfallen lassen ...
▰ ... so war Adam seinerzeit durchaus bekannt dafür, dass er ...
▰ ... um seinen legendären Ruf als Frauenschwarm [Supersportler, edler Ritter, Gentleman o. Ä.] zu untermauern, war Adam buchstäblich nichts zu viel. So unternahm er eines Tages ...
▰ ... auch wenn uns dies heute unwahrscheinlich erscheinen mag, so war Adam früher doch für seine Schlagfertigkeit [Eitelkeit, Opferbereitschaft, seinen Sportsgeist o. Ä.] bekannt und demonstrierte dies, indem er ...
▰ Seine Freunde wussten immer, was sie an Adam hatten, sogar als er ...

Alle diese kurzen Beispiele haben gemeinsam, dass sie bewusst auf nicht ganz übliche Redewendungen zurückgreifen. Mit »es trug sich zu«, das für das schlichte »es passierte« steht, oder mit »unwahrscheinlich erscheinen mag« für »eigentlich seltsam ist« erzielt man eine gewisse Verfremdung der üblichen Sprache, und genau damit erzeugt man als Schreiber den Eindruck von Witz, Charme und Ironie.

*Liebe ist eine tolle
Krankheit, da müssen
immer gleich zwei
ins Bett.
Robert Lembke*

Gedichte

Klischees und Vorurteile sind im Normalfall ein willkommenes »Futter« für die Hochzeitszeitung. Dass allerdings dem männlichen Geschlecht bisweilen eine mangelnde Feinsinnigkeit, besonders in Bezug auf Literatur und Lyrik zugeschrieben wird, wollen wir so nicht stehen lassen. Es gibt durchaus eine ganze Reihe von klassischen Werken, die auch Adams Herz nicht unberührt lassen werden:

In seiner Liebsten Armen
einschlafen und erwarmen,
ist, was in dieser Zeit
uns einig noch erfreut.
Wann G'nüge, Scherz und Lachen
um unser Bett her wachen
und man kein Licht erkennt,
ohn' was im Herzen brennt.

Kein Ungemach und Leiden
entsteht da zwischen beiden,
ohn was die Lieb erregt,
die stark zum Feuer legt.
Sie bringt durch tausend Flammen
all ihre Kraft zusammen,
sucht Reizung und Verdruss,
im Mangel Überfluss.

So ruht es sich ohn' Sorgen,
bis um den lichten Morgen
der helle Tagesschein
zu den Fenstern bricht herein.
Der sieht euch mit Begnügen
umarmt zusammen liegen.
Ihr haucht euch Lieb und Ruh
im Schlaf einander zu.

Wer immer ihm hat vorgenommen,
der Heirat zu entkommen,
der sieht würdig nicht
der Sonnen gold'nes Licht.

Sonst ist ja dieses Leben
mit Sorg und Qual umgeben,
wenn Heirat auch entfällt,
was soll uns diese Welt?

Nein lasst uns, weil wir können,
der keuschen Lieb' uns gönnen,
durch die wir sämtlich sind.
Lasst Venus und ihr Kind,
eh als wir müssen altern,
in unseren Herzen walten.
Sprecht, wie ein jedes kann,
im Tanz einander an.

Simon Dach (1605 – 1659)

Ich wünsche mir eine hübsche Frau,
die nicht alles nähme gar zu genau,
doch aber zugleich am besten verstände,
wie ich mich selbst am besten befände.

Johann Wolfgang von Goethe (1749 – 1832)

Zeiten gibt es, da des Glücks zu viel,
und Zeiten, da es zu wenig.
Tage gibt es, da du Bettler bist,
und Stunden – in denen du ein König!

Cäsar Flaischlein (1864 – 1920)

Das Herz der teuren Gattin,
das Herz der Lieben ganz sein eigen
nennen zu können,
in einem Herzen sich einzig
und ohne Ende geliebt zu wissen,
ist doch das süßeste Glück der Erde.

Adalbert Stifter (1805 – 1868)

Die Geliebte im Hause ist zu nichts gut,
denn nicht treu ist sie in ihrem Übermut.
Die wahre Geliebte ist die, die einst im Grab
die Tore des Himmels für dich auftut.

Jalal ad-Din Rumi (1207–1273)

Vielleicht nicht gar so edel, dafür aber ganz
sicher viel persönlicher sind die selbst ge-
reimten Gedichte. Sie brauchen sich ja nicht
gleich mit dem großen Dichterfürsten zu
messen. Warum auch, Sie sind ihm gegenüber ja sowieso im Vorteil: Er hat unseren
Adam nie gekannt.

Adam ist ein wack' rer Bursche
und auch nicht gänzlich ungeschickt.
Hat er mit Eva doch beizeiten,
den besten Apfel sich gepflückt.

Der eine tut´s für die Moneten,
der nächste um sein hübsch' Gesicht,
der Dritte lässt sich überreden,
den Vierten ruft des Vaters Pflicht.
Der Fünfte will zur Ruh sich setzen,
der Sechste ist nicht gern allein,
der Siebente will sich ergötzen,
der Achte denkt: Es muss mal sein.
So mancher tut's aus Mitleidstriebe –
doch unser Adam freit aus Liebe!

Auch Gereimtes in Episodenform
bietet sich an:

Als der Adam noch ganz klein,
wollte er nur ungern wachsen.
Heute gilt für ihn der Spruch:
»Mei, der Bub hat lange Hax'n«.

Als der Adam älter wurde,
fand er Mädchen doch recht komisch.
Als Student jedoch, da war
sein Interesse anatomisch.

Jetzt ist Adam Ehemann
und hoffentlich gescheit.
Denn ansonsten tut's der Eva
irgendwann noch Leid.

Und abschließend noch ein Limerick:

Es lebte ein Adam alleine,
der hatte recht lange Beine.
Bei Eva war klar,
wie entschlossen er war.
Er sagte sich: die oder keine!

Weil ein liebes
*   Mädchen wieder*
Herzlich an dein
*   Herz sich drückt,*
Schaust du fröhlich
*   auf und nieder,*
Erd und Himmel
*   dich erquickt.*
Joseph von Eichendorff

Der maßgeschneiderte Song aus der Hochzeitszeitung kann natürlich auch zur Festivität vorgespielt werden.

Schlager – neu getextet

Nicht ganz so anspruchsvoll, dafür aber höchst originell: der maßgeschneiderte Klassiker aus dem Schallplattenregal. Für die Hochzeitszeitung bietet sich besonders der gute alte oder auch der neue Schlager an. Die Texte sind einfach, leicht zu ändern und Sie müssen sich nicht allzu sehr anstrengen, wollen sie einen Lacher produzieren.

Ich fand sie irgendwo, allein in
        [Ort einfügen], oh Eva!
Schwarz [blond, rot] war ihr Haar,
       die Augen wie zwei Sterne so klar.
Komm, steig auf dein Pferd,
        sagte ich zu ihr, oh Eva!
Fiesta ist heut,
die Stadt ist nicht mehr weit,
mach dich schnell bereit!
Ich seh's dir an,
da schlummert ein Vulkan.
Du wartest auf die Liebe.
Ich will sie wecken
und alles entdecken,
was keiner bisher sah,
woohohoho.

Reite wie der Wind,
bis die Nacht beginnt, oh Eva!
Dann sind wir da,
und jeder soll es sehen,
wie wir uns verstehen.

Musikanten herbei,
spielt ein Lied für uns zwei!
Bei Musik und bei Wein,
woll'n wir heut glücklich sein.

Ich fand sie irgendwo, allein in
        [Ort einfügen], oh Eva!
Schwarz [blond, rot] war ihr Haar,
       die Augen wie zwei Sterne so klar.

Ich bau für uns ein Nest, wo sich leben
        lässt, oh Eva!
In [Ort einfügen], denn nur bei dir allein
will ich immer sein.

(frei nach Costa Cordalis)

Du bist die Schönste der Welt für mich,
        oh Eva.
Durch jedes Feuer geh ich für dich, oh Eva.
Ich kann wie du mein Leben nur einmal leben,
drum teile ich es mit dir,
denn ich will dir allein meine Liebe geben,
drum bleibe immer bei mir.
Trennen uns schwere Ketten aus Eisen,
ich werde kämpfen und dir beweisen:
Ich bin nur dein, für immer nur dein.
Ich komm zu dir, bist du noch so fern, oh Eva.
ich hol vom Himmel dir jeden Stern, oh Eva.
Ich kann wie du mein Leben nur einmal leben,
drum teile ich es mit dir,
denn ich will dir allein meine Liebe geben,
drum bleibe immer bei mir.
Trennen uns schwere Ketten aus Eisen,
ich werde kämpfen und dir beweisen:
Ich bin nur dein, für immer nur dein.
Für immer nur dein!

(frei nach Freddy Breck)

Die Auswahl an solchen Texten ist schier unendlich – und man darf mit einiger Sicherheit davon ausgehen, dass die meisten Gäste erkennen werden, um welches Lied es sich handelt. Spontane Ständchen sind also nicht ausgeschlossen. Ob die Redaktion die Verantwortung für solche Gefahren übernehmen möchte, sollte sie allerdings noch vor dem Drucktermin ausdiskutieren.

Sprüche und Weisheiten

Männer, so heißt es, verfügen im Allgemeinen ja über ein eher schlichtes Gemüt. Dass das nicht stimmt, hat mehr als nur ein berühmter Denker widerlegt.

Heiratet auf jeden Fall! Kriegt ihr eine gute Frau, dann werdet ihr glücklich. Kriegt ihr eine schlechte, dann werdet ihr Philosophen, und auch das ist nützlich für einen Mann.
Sokrates

Ein Junggeselle ist ein Mann, der nur ein einziges Problem hat – und das ist lösbar.
Woody Allen

Der kluge Ehemann kauft seiner Frau nur das teuerste Porzellan, weil er dann sicher sein darf, dass sie es nicht nach ihm wirft.
Gino Locatelli

Jeder Mann braucht im Leben drei Frauen: eine Mutter, eine Ehegattin und wenigstens eine, die ihn für einen Mann hält.
Gabriel Laub

Drei Arten von Männern versagen im Verstehen der Frauen: junge Männer, Männer mittleren Alters und alte Männer.
aus Irland

Ein Eheweib ist Regen, Hagel und Sonnenschein, alles in einem.
aus Serbien

Sieh auf die Mutter, bevor du dich mit der Tochter verlobst.
aus Indien

Lieber eine unordentliche Frau nehmen als Junggeselle bleiben.
aus Afrika

Wer seiner Frau alles erzählt, ist erst jung verheiratet.
aus Schottland

Manche Ehefrauen haben ein fürchterliches Gedächtnis – sie vergessen nichts.
Verfasser unbekannt

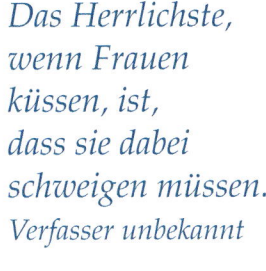

Das Herrlichste, wenn Frauen küssen, ist, dass sie dabei schweigen müssen.
Verfasser unbekannt

Jede Mutter hofft, dass ihr Sohn eine so gute Frau bekommt, wie sein Vater sie bekommen hat.
Ingeborg Düffert

Die Mutter des Bräutigams

Was für die Mutter der Braut gilt, trifft auch auf die des Bräutigams zu. Sie können getrost davon ausgehen, dass die Dame auf die meisten Eventualitäten vorbereitet ist, ihr also auch die gängigen Klischees vertraut sind. Trotzdem sollte die Redaktion frühzeitig klären, wie viel Spaß die Mama versteht. Schließlich muss auch hier gelten: »im Zweifel für die Schwiegermutter«. Dennoch sollte der eine oder andere einschlägige Scherz kein Problem darstellen.

Interview mit der Mutter des Bräutigams

[Name der Hochzeitszeitung]: Frau [Name der Mutter des Bräutigams], am heutigen Tag wird Frau [vollständiger Name der Braut] Ihren Sohn ehelichen. Das ist zweifelsfrei ein großer Schritt für den Jungen, ganz sicher aber ein noch viel größerer für Sie als Mutter. Wir bitten Sie deshalb, unserer Redaktion zu diesem Anlass einige Fragen zu beantworten.
Nicht ohne Grund sagt man: »Bei Muttern schmeckt es am besten.« Haben Sie Hoffnung, dass Frau [vollständiger Name der Braut] eines fernen Tages den verwöhnten Gaumen Ihres Jungen wirklich wird zufrieden stellen können und warum nicht?

[Schwiegermutter]: ...

[Name der Hochzeitszeitung]: Es ist ein weit verbreitetes Vorurteil, dass junge Männer nicht in der Lage seien, ihre Hemden selbst zu bügeln. Wie so viele Vorurteile enthält auch dieses mehr als nur ein Körnchen Wahrheit. Glauben Sie, dass Frau [Name der Braut] in der Lage sein wird, die Hem-

den ihres Jungen annähernd auf den gleichen Qualitätsstandard zu bringen, wie Sie es können? Und wann könnte, wenn überhaupt, damit zu rechnen sein?

[Schwiegermutter]: ...

[Name der Hochzeitszeitung]: Die Kindererziehung gehört fraglos zu den schwierigsten Aufgaben, denen sich ein Mensch gegenüber sehen kann. Sie als Mutter wissen das mit Sicherheit besser als Ihre Kinder. Ein solcher Vorsprung in der Erfahrung kann eine Vielzahl von Schwierigkeiten mit sich bringen. Auf welche Weise werden Sie Ihren Erfahrungen gegen den Widerstand des Brautpaares Gehör verschaffen?

[Schwiegermutter]: ...

[Name der Hochzeitszeitung]: Das Aufenthaltsrecht der Schwiegermutter in den Räumlichkeiten des jungen Paares ist ein häufig diskutiertes Thema. Nicht selten haben sich hieraus in der Vergangenheit Probleme ergeben. Haben Sie vor, solchen Auseinandersetzungen aus dem Weg zu gehen, und warum nicht?

[Schwiegermutter]: ...

[Name der Hochzeitszeitung]: Ganz wie die Ihnen künftig anverwandte Frau [Name der anderen Schwiegermutter] sind Sie in der glücklichen Lage, auf einen äußerst reichhaltigen Erfahrungsschatz verweisen zu können. Es dürfte daher nicht leicht sein, aus der Fülle von Ratschlägen den besten auszuwählen. Dürfen wir Sie trotzdem um Ihre ersten Worte an das junge Paar bitten?

[Schwiegermutter]: ...

[Name der Hochzeitszeitung]: Frau [Name der Schwiegermutter], wir danken Ihnen für dieses aufschlussreiche Gespräch.

Was sagen die Sterne zur Braut?

Die Sterne lügen nicht, so heißt es. Angeblich sollen sie sogar den einen oder anderen Blick in die Zukunft erlauben. Ob man daran glaubt oder nicht, ist jedermanns freie Entscheidung. Für eine Hochzeitszeitung allerdings drängt sich eine kleine Zukunftsprognose unter Mithilfe der Tierkreiszeichen förmlich auf – ein Horoskop gehört einfach dazu. Noch dazu, wenn es ganz spezifisch auf die Braut zugeschnitten ist.

Wassermann
(21. Januar bis 18. Februar)

 Die im Zeichen des Wassermanns Geborenen sind ehrlich, selbstlos, freiheitsliebend und aktiv. Optimale Voraussetzungen für eine Ehe, oder? Normalerweise sind die Wassermann-Damen eher ruhig, allerdings gelegentlich auch nervös und angespannt. Da sie hohe Ansprüche an ihre Mitmenschen stellen, erleben sie oft Enttäuschungen. Und sie können sehr nachtragend sein. Wassermann-Frauen sind eitel, lieben Komplimente und lassen sich gern bewundern. Sie überlassen nichts dem Zufall, sind intuitiv, fantasievoll und kritisch. Mit Ihrer Wassermann-Frau haben Sie eine sympathische, offene, neugierige und moderne Lebenspartnerin an Land gezogen. Der richtige Mann für sie ist geistreich, tolerant und gebildet. Sie ist wunderbar, aber man darf sie nicht in den eigenen vier Wänden einsperren, denn sie ist im Wesentlichen eine ungebundene Frau.

Fische
(19. Februar bis 20. März)

Fischegeborene Mädchen sind feinsinnig, geduldig, sanft und tolerant. Manchmal können sie aber nachtragend sein. Die Fische-Frau kennzeichnet neben einem vielschichtigen Charakter große Fantasie und eine außerordentliche Lernfähigkeit. Die Fische-Frau ist feminin, romantisch, sanft und zerbrechlich. Sie schafft es, ihrem Partner zu verstehen zu geben, dass er der wichtigste Mann auf der Welt ist. Man sollte ihr schmeicheln, sie liebkosen und ihr zuhören, sonst leidet sie und neigt zur Schwermut. Der ideale Mann für sie ist kräftig und hat eine breite Schulter zum Anlehnen – was kann dann noch schiefgehen?

Widder
(20. März bis 20. April)

Sind Sie sportlich, stark und zielstrebig? Dann haben Sie einen absoluten Volltreffer gelandet. Die Widder-Frau ist eine starke und entschlossene Frau, liebt es aber, sich umsorgen und beschützen zu lassen. Überschütten Sie sie mit Geschenken und sie wird Ihnen auf ewig treu bleiben. Widder besitzen viel Kraft und Energie und sind immer bereit, die Initiative zu ergreifen. Sie sind instinktiv und dynamisch und handeln gelegentlich unüberlegt. Der Widder symbolisiert den Frühling und verkörpert somit Energie, Impulsivität, Unabhängigkeit und Mut. Er wird oft der Egozentrik beschuldigt. Was soll's – Sie wissen es besser: Er (oder besser: sie) kann sehr romantisch sein und sehnt sich nach Zuneigung und Bestätigung. Im Berufsleben wie auch privat neigt sie dazu, Führungspositionen einzunehmen. Er lebt seine Liebesgefühle inbrünstig aus. Der wahre Widder liebt das Abenteuer und die Schnelligkeit. Ordnung ist nicht seine Stärke, weder zu Hause noch bei der Arbeit. Das Faszinierende an diesem Menschen ist seine Unberechenbarkeit, die sich sowohl durch Aggressivität als auch durch rührende Schwäche äußern kann.

Stier
(21. April bis 21. Mai)

Wenn Sie ein entschlossener und geduldiger Typ sind, dann sind Sie der Richtige für diese Frau. Die Stierfrau ist eifersüchtig, außergewöhnlich und faszinierend; sie lässt sich gerne anhimmeln und umwerben. Sie hat eine Schwäche für Parfüm. Schenken Sie ihr das beste, was Sie bekommen können, und tragen Sie bei der ersten Verabredung selbst ein paar Tropfen auf, denn ihr Geruchssinn wird sie auf die richtige Spur bringen. Der Stier verkörpert die Kunst, die Schönheit im Allgemeinen und die Stärke. Er ist ein Gewohnheitsmensch und Realist, im Leben wie in der Liebe, und legt viel Wert auf emotionale und materielle Sicherheit, für die er alle seine Fähigkeiten einzusetzen bereit ist: Ausdauer, Ruhe, Geduld und praktische Intelligenz. Er verliert selten die Selbstbeherrschung, doch wenn er sich aufregt, kann es zu heftigen Ausbrüchen kommen. Deshalb ist es wichtig für ihn, den richtigen Partner zu finden. In der Liebe sind die Stiergeborenen hingebungsvoll, beständig und durchaus nicht leichtsinnig. Von allen Sternzeichen braucht der Stier am meisten Ruhe und Entspannung, doch erst, wenn er das angestrebte Ziel erreicht hat.

Stier-Frauen können leicht mit Parfüm geködert werden. Zwillinge dagegen mit Perlwein und exotischem Essen.

Zwilling
(21. Mai bis 21. Juni)

Die Zwillings-Frau ist brillant, sportlich, gebildet, dynamisch und sympathisch. Wenn Sie ihr jedes Mal etwas Neues bieten können, dann sind Sie wie für sie geschaffen. Sie ist sehr unabhängig und freiheitsliebend – und das möchte sie auch in der Ehe so beibehalten. Die Zwillings-Frau liebt exotisches Essen und Perlwein. Zwillinge sind unbeschwert, faszinierend, intelligent, aktiv, doch manchmal auch pessimistisch und etwas apathisch. Sie kann in der Liebe sehr geistreich und fantasievoll sein, wobei ihr Streben nach Freiheit und Unabhängigkeit jedoch immer sehr stark ausgeprägt ist. Die Zwillingsgeborenen sind besonders ungeduldig und wechseln oft ihre Interessen. Sie haben ein großes Bedürfnis, alles sofort kennen zu lernen, und die Fähigkeit, sich an jede Situation anzupassen. Das Herz einer Zwillings-Dame will erst einmal erobert sein. Haben Sie das geschafft, dann gilt: Langeweile – nicht mit ihr!

Krebs
(22. Juni bis 22. Juli)

Ihre Krebs-Frau ist äußerst geschmackvoll und belesen, empfindsam und träumerisch. Sie zieht soziales Engagement dem mondänen Leben vor. Sie kann Vulgaritäten nicht ausstehen und liebt Kinder, ist verletzlich und nicht zuletzt deshalb war sie so schwer zu erobern. Sie liebt es, mit Geschenken, Blumen und kleinen Aufmerksamkeiten verwöhnt zu werden. Krebsgeborene sind warmherzig, launisch, geheimnisvoll, fantasievoll, dazu sehr gute Beobachter.

Sie lieben Luxus, Reisen, große Häuser (die mit antiken und ungewöhnlichen Gegenständen eingerichtet sind), Traditionen und die Vergangenheit. Sie fürchten sich oft vor dem Ungewissen und dem Neuen und haben Angst vor der Zukunft, außerdem hassen sie jede Art von Gewalt. Sie können extrem schüchtern, besitzergreifend und romantisch sein und neigen dazu, sich an die Personen, die sie lieben, sehr zu hängen. Liebkosen und verhätscheln Sie Ihre Krebsdame – sie wird schnurren wie eine Katze!

Löwe
(23. Juli bis 23. August)

Die Löwe-Frau ist faszinierend, vornehm, großherzig, aber sehr anspruchvoll. Sie bevorzugt ehrgeizige und entschlossene Männer. Sie können also stolz sein, dass Sie ihr Auserwählter sind! Ihre Zukünftige ist stark und treu, und nachdem sie einmal ihr Herz verschenkt hat, wird sie alles tun, um ihrem Partner beizustehen. Sie liebt Komplimente und wertvolle Geschenke und steht gerne im Mittelpunkt. Die Löwegeborenen sind unabhängig, freiheitsliebend, herrschsüchtig, aktiv, leidenschaftlich und sehr großherzig. Manchmal haben sie allerdings ein Quäntchen mehr Selbstvertrauen, als ihnen gut tut. Ein bisschen Bescheidenheit und Vorsicht wäre nicht verkehrt. Als gute Optimisten haben sie die Fähigkeit, aus ihren Niederlagen zu lernen. Durch ihren entschlossenen Charakter werden sie von ihrem Arbeitsumfeld sehr geschätzt und können sich problemlos in den verschiedensten Bereichen bewegen, Hauptsache, sie stehen an der Spitze. Sie streben nach Luxus, Reichtum und mondänem Leben und hassen die Mittelmäßigkeit. Löwinnen lieben mit Leidenschaft und würden ihrem Auserwählten ihr letztes Armani-Kleid hingeben.

Jungfrau
(24. August bis 22. September)

Die Jungfrau ist elegant, schön, vernünftig und ernst. Um sie zu erobern, brauchen Sie Zeit und Beständigkeit, aber es lohnt sich auf jeden Fall! Sie liebt intelligente Gespräche und aufrichtige Liebesbeziehungen. Die Jungfraugeborenen sind präzise, kleinlich, leistungsfähig, ernst und vernünftig. Im Allgemeinen legen sie viel Wert auf finanzielle Sicherheit, und obwohl sie es vorziehen, ohne Einschränkungen zu leben, haben sie etwas gegen Verschwendung. Sie lieben ihr Zuhause, legen sehr viel Wert auf Einrichtung, und ihre Ordnungsliebe scheint manchmal schon zwanghaft. Jungfrauen brauchen viel Lob, weil sie in ihrem Inneren bisweilen eher unsicher sind. In ihrem Arbeitsumfeld werden sie für ihre überragende Intelligenz oft sehr geschätzt. Die Jungfraugeborenen haben ein großes Liebesbedürfnis und glauben an die Freundschaft, auch wenn es ihnen aufgrund ihres introvertierten und zurückhaltenden Charakters manchmal schwer fällt, sich auf längere Beziehungen einzulassen.

Waage
(23. September bis 23. Oktober)

Die Waage-Frau ist elegant, feminin, lebenslustig und zärtlich. Wer sie erobern will, überhäuft sie am besten mit teuren und raffinierten Geschenken: Um sie nicht gleich wieder zu

Die Löwin hasst Mittelmäßigkeit. Dafür würde sie ihrem Auserwählten aber auch immer beistehen und dafür selbst ihr letztes Luxus-Kleidchen hergeben.

verlieren, muss ihr viel Zärtlichkeit und Aufmerksamkeit entgegengebracht werden. Waagegeborene haben einen Sinn für Schönheit und Eleganz, Auseinandersetzungen vertragen sie nicht gar so gut, aber sie haben zu jedem Thema ein vernünftiges und unparteiisches Urteil bereit. Sie sind sympathisch, freundlich, ausgeglichen, ordentlich und sehr aufnahmefähig. Sie lieben Berufe, die ihnen viel Freiräume lassen. Für ihre künftige Ehefrau sind Freundschaften und ehrliche Liebe unerlässlich. Für die Liebe nimmt sie auch lange Reisen in Kauf. Die Waagedamen sind besitzergreifend und treu und verabscheuen, auch in der Liebe, nutzlose Diskussionen und Vulgarität.

Skorpion
(24. Oktober bis 22. November)

Die Skorpion-Frau ist stolz, intelligent und leidenschaftlich. Sie braucht einen Mann mit viel Temperament und heftigen Gefühlen. Das Zusammensein mit ihr ist nicht immer einfach, aber wenn Sie ihr die Regeln des Spiels überlassen, wird sie Ihnen mit Begeisterung und Wärme entgegenkommen. Nur zur Sicherheit: Geben Sie ihr keinen Grund zur Eifersucht. Sie hat einen extrem vielschichtigen und manchmal auch widersprüchlichen Charakter: tiefsinnig, ernst, autoritär, eifersüchtig und besitzergreifend. Dank ihrer Intuition erkennt sie sofort die schwachen Stellen ihrer Mitmenschen. Skorpiongeborene wirken manchmal kühl, introvertiert und launenhaft, doch unter dieser rauen Schale verstecken sich fast immer Tugend, Stärke und große Hilfsbereitschaft.

Schütze
(23. November bis 21. Dezember)

Ihre Schütze-Frau ist fröhlich, optimistisch, aktiv, manchmal aber auch launisch. Aber das wissen Sie ja schon. Auch dass sie ein großes Organisationstalent hat, ist Ihnen nicht neu. Sie lässt sich nicht von der Meinung anderer beeinflussen und liebt ihre Freiheit. Sie sucht einen Mann, der sie zum Lachen bringt und glücklich macht – ohne große Macho-Allüren an den Tag zu legen. Schützen sind treu, fröhlich, ehrlich und offenherzig. Sie glauben an die Zukunft und den Fortschritt, lieben Reisen, Tiere und Spaziergänge an der frischen Luft. Sie lassen sich nicht so leicht aus der Bahn werfen und sind unheimlich neugierig. Sie suchen sich ehrliche und aufrichtige Partner und Freunde aus, die sie nicht ihrer Freiheit berauben.

Steinbock
22. Dezember bis 20. Januar)

Die Steinbock-Frau gilt gemeinhin als weise, stark, zuverlässig, vorsichtig, zurückhaltend und verschlossen – eben genau das, was Sie gesucht haben. Sie ist anspruchsvoll und schätzt Männer, die sie zum Lachen bringen. Die Steinbockgeborenen planen ihren Weg mit viel Sorgfalt und Geduld. Um ihr Ziel zu erreichen, sind sie zu allem bereit und können dabei gut auf die Hilfe anderer verzichten. Manchmal ist sie verschlossen und introvertiert, doch manchmal hat sie plötzliche Ausbrüche von Impulsivität. Ihre Haupteigenschaften sind ihre Schüchternheit und Unsicherheit, die sie nur dann überwinden kann, wenn sie sich sicher ist, von Ihnen geliebt zu werden.

Das Brautpaar

Die Braut und der Bräutigam sind einzeln ausführlich gewürdigt – nun geht es weiter im Doppelpack. Natürlich muss eine Hochzeitszeitung auch einen oder mehrere Artikel über die Jungvermählten enthalten – Zeilen und Worte, über die sich das Paar möglichst auch in ein paar Jahren noch freuen kann. Ein empfehlenswerter Einstieg wäre beispielsweise ein Bericht über den Werdegang der Beziehung. Zunächst könnte der Ort beschrieben werden, an dem sich die beiden zuerst begegnet sind. Auch der Grund für dieses schicksalhafte Treffen – sofern es denn einen Grund gab – kann erörtert werden. Aber zügeln Sie Ihre Fantasie, denn alles, was hier geschrieben wird, sollte gut recherchiert und sauber zu Papier gebracht sein. Ansonsten besteht die Gefahr, dass sich das Brautpaar fragt, wem diese Schilderung wohl gelten könnte. Zusammenfassen lässt sich diese Rubrik etwa unter dem Titel »Wie alles begann«.

Wie alles begann

Dass die geschilderten Fakten stimmen müssen, sollte Sie in Ihrer Kreativität nicht behindern. Damit die Darstellung nicht auf eine trockene Aufzählung von Tatsachen beschränkt bleibt, beginnen Sie doch mal beispielsweise so:

Wanne-Eickel – unendliche Öde. Wir schreiben das Jahr 2003. Dies ist die Geschichte von Eva und Adam, die sich hier kennen und lieben lernten ...

... und das ist das Ende der Geschichte: Eva und Adam laufen in den Ehe-Hafen ein.

Mit Hilfe einer Digital-kamera können noch am Tage der Hochzeit »aktuelle« Fotos auf-genommen und in die Zeitung eingebaut wer-den. Die dazugehörigen Texte müssen Sie na-türlich schon vorher geschrieben haben, sodass Sie nur noch das Bild einzusetzen brauchen. Bei diesen Bildern dreht sich der Text sicherlich rund um das Haar der Braut – und ihre Eitelkeit …

Wenn Sie gerne mit Anspielungen und Zita-ten arbeiten, wäre diese ein guter Einstieg:

Hänsel und Gretel, die gingen in den Wald – und auch Adam und Eva begegneten sich in einem solchen. Allerdings war's diesmal nicht finster und auch nicht bitterkalt, und die beiden gingen nicht, sie joggten. Beim Joggen fiel Adam die hübsche Blonde vor ihm auf, und prompt …

Adam joggt nicht? Aber der Einstieg mit »Hänsel und Gretel« wäre trotzdem nett? Kein Problem, hier ist Flexibilität gefragt:

Hänsel und Gretel, die gingen in den Wald. Eva und Adam aber gingen in die Disco [Name der Disco] in [Ort], die manche sogar als »Dschungel« bezeichnen. Und irgendwo in diesem unwegsamen Gelände kreuzten sich ihre Pfade …

Mögen Sie vielleicht eher ein Zitat aus der klassischen Ecke?

Sein oder nicht sein?, fragte sich Adam, als er am 7. November des Jahres 2003 Eva am Arm eines dunkelhaarigen Mannes in der Tür der Disco [Name der Disco] stehen sah. Wie sich herausstellte, war Eva »nicht sein«. So konzentrierte sich Adam in der Folgezeit eher auf die Frage »mein oder nicht mein?« und tat alles, damit Eva die Seine wurde …

Auf Shakespeare könnte Goethe folgen:

Wer raste so spät durch Nacht und Wind? Es war der Adam – doch ohne Kind. Gott sei Dank brachte er seinen altersschwachen [Automarke] noch rechtzeitig zum Stehen, als er am Straßenrand die hübsche Anhal-terin sah …

Ob Shakespeare oder Goethe, Schiller oder Heine, Kafka oder Kleist – wenn Sie für einen Einstieg Zitate benutzen und entsprechend abwandeln, sollten Sie unbedingt darauf achten, dass diese Zitate möglichst allgemein bekannt sind. Jede noch so intelligente kulturelle Anspielung, ob sie sich nun auf literarische Werke oder einen Kinofilm bezieht, büßt ihren Witz ein, wenn nur wenige Leser wissen, worauf angespielt wird.

Eine sehr gute Möglichkeit des Einstiegs in einen Text über das Brautpaar ist auch das Spiel mit dem Datum der ersten Begegnung. Was hat an diesem Tag noch alles stattgefunden? Was hat zu dieser Zeit die Welt bewegt? Sehr hilfreich ist bei der Suche nach solchen Ereignissen das Internet: Wenn Sie ein bestimmtes Datum in eine Suchmaschine eingeben, werden Sie in der Regel auch fündig. Die in den folgenden Beispielen genannten Ereignisse haben tatsächlich stattgefunden:

/ Als sich Eva und Adam am 10. April 2002 zum ersten Mal begegneten, umrundete gerade ein Spaceshuttle die Erde. Auch Eva und Adam hatten plötzlich das Gefühl, den Sternen wesentlich näher zu sein, und beide wurden zudem von einem Gefühl der Schwerelosigkeit gepackt, wie es nur Astronauten oder Verliebte kennen …

/ Fünf Tage, bevor Eva und Adam sich das erste Mal begegneten, war der FC Bayern München zum 17. Mal deutscher Fußballmeister geworden. Kein Wunder also, dass Adam an diesem 24. Mai 2001 noch immer auf einer Welle der Euphorie schwamm. Das Hochgefühl wurde in einen wahren Rausch gesteigert, als eine junge Frau namens Eva ihn im Hausflur

Schnappschüsse vom eigentlichen Hochzeitstag machen sich in der Zeitung besonders gut.

deutschem Schlager und britischem Rock begegneten sich Eva und Adam am 3. Dezember 1996. An der Spitze der deutschen Hitparade stand zu diesem Zeitpunkt ein gewisser Andrea Bocelli, doch der Song »Time to say goodbye« wurde von den beiden ins Gegenteil verkehrt: Adam hatte nur noch Evas Stimme im Ohr und Eva hatte nur noch Augen und Ohren für ihren Adam ...

Fazit: Mit solchen Daten und Ereignissen lässt sich arbeiten, wenn man über einen Internetzugang verfügt und Lust zum Recherchieren hat. Aber – wie bereits erwähnt – Sie müssen sorgfältig und gewissenhaft vorgehen, denn Fehler bei nachprüfbaren Daten fallen immer auf den Schreiber zurück.

Eine andere Möglichkeit des Einstiegs in den Text über das Brautpaar: Schreiben Sie über den Ort der ersten Begegnung. Auch hierzu ein paar Beispiele:

▰ Eva und Adam begegneten sich zum ersten Mal in der kleinen Eisdiele [Name der Eisdiele] in [Name der Stadt]. Nebeneinander standen sie an der Theke, und nachdem Eva für sich Erdbeere und Vanille bestellt hatte, wollte der ihr bis dahin völlig unbekannte Adam genau dasselbe ...
▰ In der riesigen Münchner Olympiahalle beim Konzert der Rolling Stones traf es Adam wie ein Blitz, als er plötzlich in Evas blaue Augen sah ...
▰ Ausgerechnet beim vergleichsweise ungefährlichen Joggen wurde Adam im Juni 2001 vom Blitz getroffen. Der Blitz hieß Eva und stieß an einer Weggabelung im Stadtpark von [Name der Stadt] mit dem überraschten Adam zusammen ...

Setzen Sie im Layout einen Platzhalter ein, wo Sie dann am Hochzeitstag das digitale Foto nur noch schnell einfügen müssen.

anlächelte. Dieses Lächeln zusammen mit der Meisterschafts-Freude führte dazu, dass Adam sich traute, die junge Dame anzusprechen ...

Sie könnten natürlich noch ein bisschen weiter zurück in der Zeit gehen, sich noch intensiver mit der Vergangenheit beschäftigen. Das bedeutet aber auf der anderen Seite auch mehr Recherchearbeit:

Als Eva am 7. Mai des Jahres 1975 das Licht der Welt erblickte, war Udo Jürgens' Erfolgslied »Griechischer Wein« der Hit des Jahres. Rund zwei Jahre zuvor war Adam geboren wurden – just an dem Tag, an dem die Band Queen ihr erstes Album veröffentlichte. In diesem Spannungsfeld zwischen

Auch in diesen Fällen gilt, dass es auf die Verpackung ankommt. Weder beim Einstieg mit Zitaten noch mit Daten oder Orten genügt es, einfach nur die Fakten aufzuzählen. Sätze wie »Adam und Eva begegneten sich im Wartezimmer des Zahnarztes Dr. Huber in Hintertupfing und waren sich sofort sympathisch« sind zwar sprachlich durchaus korrekt und geben auch den Sachverhalt wieder – doch sind sie langweilig zu lesen. Es genügen zuweilen schon einige »schmückende« Beiworte, um einer solchen Feststellung einen ganz anderen Charakter zu geben:

Ausgerechnet beim Zahnarzt, vereint in Angst und Nervosität vor dem drohenden Bohrer, trafen sich Eva und Adam zum ersten Mal ...

Weitere Möglichkeiten, um den Anfang dieser Beziehung zu beleuchten: Wurden Eva und Adam von jemandem zusammengebracht? Von wem? Warum? War es Liebe auf den ersten Blick oder konnten sich die beiden womöglich zunächst gar nicht besonders leiden? Hatten sie ähnliche Interessen oder hat Eva Adam beeinflusst oder umgekehrt? Wie reagierten die Freunde und Bekannten am Anfang auf diese Beziehung? Was dachten und sagten die Eltern? Die Antworten auf diese Fragen können durchaus ein gelungener Einstieg sein – vorausgesetzt, Sie wahren die nötige Diskretion, auch wenn Sie vielleicht delikate Details kennen.

In der Praxis könnte das etwa so aussehen:

Augsburg, an einem trübern Tag im Oktober. Adam sitzt seiner langjährigen Arbeitskollegin Anita gegenüber und klagt ihr sein Leid: Nein, das Schicksal meint es nicht gut

mit ihm, ist er doch so alleine, und eine Änderung der Situation ist nicht in Sicht. Was Adam nicht weiß: Seine wohlmeinende Kollegin hat in ihrem Freundeskreis längst eine Aspirantin ausgemacht – Eva. Anita ist natürlich im Bilde, was Adams Ansprüche betrifft. Leicht zufrieden zu stellen ist er nicht, der junge Mann. Aber die Eva gehört auch nicht zur einfachen Sorte. Anita muss es wissen, hat sie doch zu Studentenzeiten die Wohnung mit ihr geteilt.
Planvoll und berechnend macht sich Anita daran, das Projekt »Adam und Eva« in die Tat umzusetzen: Ob er nicht Lust hätte, sie am nächsten Freitag Abend zu Hause auf ein Tässchen Tee zu besuchen? Adam ist ahnungslos, hat noch nichts vor – warum also nicht? Woher soll er auch wissen,

Das ist für Eva nicht die erste Hochzeit. Die Braut vor zwanzig Jahren als Blumenkind.

Mit Eva unterwegs

Einkaufsbummel mit Eva sind recht gefürchtete Gewaltmärsche, denn sie weiß genau, was sie will. Und was sie will, will sie so schnell wie möglich. Als ihre Freundin muss man sich auch mit ihrer geradezu penetranten Pünktlichkeit abfinden. Und weil sie so entsetzlich ehrlich ist, wird man auch ständig mit Sätzen wie »Na, für dich reicht Größe 38 aber nicht mehr ganz, oder?« konfrontiert. Doch wenn man nach einem solchen Satz am Boden zerstört ist, ist es Eva, die ganz schnell mit den richtigen Worten wieder für Aufheiterung sorgt. Das könnte damit zusammenhängen, dass sie trotz aller Eskapaden die beste Freundin ist, die man sich wünschen kann.

»Meeresrauschen«

Ein Tag mit Eva ist wie ein Tag am Meer. Der strahlende Sonnenschein dort entspricht ihrem Gemüt, das angenehme Rauschen der Wellen ist wie ihr ausgeglichenes Wesen und der warme Sand unter den nackten Füßen vermittelt ein grenzenloses Wohlgefühl. Aber wehe, ihr begegnet ein aufgebrachter Tankwart, ein lästiger Verehrer oder ein aufdringlicher Polizist, der so dumme Fragen stellt wie »Wissen Sie denn eigentlich, wie schnell Sie gefahren sind?«. Passiert so etwas, wird aus dem strahlenden Gute-Laune-Himmel ganz schnell eine bedrohliche Sturmfront.

Evas Ehefähigkeitszeugnis

Eine interessante Variante, die Braut zu loben oder auch ein wenig auf die Schippe zu nehmen, sind Zensurlisten. Wenn sie etwa gedacht hat, ihr letztes Zeugnis sei das vom Schulabschluss gewesen, dann muss sie sich nun eines Besseren belehren lassen. Auch dafür ein Beispiel:

Abspülen: befriedigend
Staubsaugen: ausreichend
Fensterputzen: sehr gut
Kochen: ausreichend
Kurzfassen am Telefon: mangelhaft
Kartenlesen als Beifahrerin: ungenügend
Unterwürfigkeit: ungenügend
Betragen: Eva war stets eine fröhliche, aufgeweckte und mitteilsame Schülerin. Leider gab ihr Betragen nicht selten zu Beanstandungen Anlass. Auch ihre Leistungen vor allem in den wichtigen Fächern »Kurzfassen am Telefon«, »Kartenlesen als Beifahrerin« oder »Unterwürfigkeit« waren in keiner Weise zufrieden stellend. Daraus folgt, dass Eva in vielerlei Hinsicht nicht ehetauglich ist. Das Einverständnis erfolgt somit nur unter Vorbehalt und dem ausdrücklichen Hinweis an den zukünftigen Ehemann: Heirat auf eigene Gefahr!

SPRÜCHE · ÜBER · DIE · BRAUT

»Im Wein liegt Wahrheit«, sagt man. Darüber lässt sich trefflich diskutieren. Am besten bei einem guten Glas Wein. Nicht anders verhält es sich mit einer Unzahl von Sprüchen – manchmal voller Weisheit, manchmal gut für einen Spaß.

Die meisten Frauen verlieren ihr Herz nur dann, wenn sie sicher sind, dass es gefunden wird. Féllicien Marceau

Die ideale Ehefrau kennt alle Lieblingsspeisen ihres Mannes – und alle Restaurants, in denen man sie bekommt. Laura Antonelli

Je länger ich über die Frauen nachdenke, desto mehr bin ich davon überzeugt, dass sie das Beste sind, was wir in dieser Art haben. Georg Christoph Lichtenberg

WEINSELIGES

Obwohl unser Bräutigam nachweislich ein passionierter Biertrinker ist, hat sich das Redaktionsteam vehement dafür eingesetzt, dass es am heutigen Hochzeitstag nicht an guten Weinen fehlen soll. Das war natürlich nicht ganz uneigennützig, denn die meisten von uns sind – zumindest auf einer Hochzeit – bekennende Weintrinker!

Zwei Innenseiten zur Hochzeitszeitung, von der auf den Seiten 30/31 der Umschlag gezeigt wird. Auch hier mußte das A4-Format auf eine 80%-Größe reduziert werden. Die Beiträge dieser Doppelseite beschäftigen sich mit der Braut bzw. ihrer Schwiegermutter.

Und was meint Frau Krebs zur Schwiegertochter?

»Hochzeitszeitung«: Frau Krebs, am heutigen Tag wird Frau Eva Rose Ihren Sohn ehelichen. Das ist zweifelsfrei ein großer Schritt für den Jungen, ganz sicher aber ein noch viel größerer für Sie als Mutter. Wir bitten Sie deshalb, unserer Redaktion zu diesem Anlass einige Fragen zu beantworten. Nicht ohne Grund sagt man: »Bei Muttern schmeckt es am besten.« Haben Sie Hoffnung, dass Frau Eva Rose eines fernen Tages den verwöhnten Gaumen Ihres Jungen wirklich wird zufrieden stellen können und warum nicht?

Schwiegermutter: Eva macht dauernd Diät. Da kann ja nichts draus werden.

»Hochzeitszeitung«: Es ist ein weit verbreitetes Vorurteil, dass junge Männer nicht in der Lage seien, ihre Hemden selbst zu bügeln. Wie so viele Vorurteile enthält auch dieses mehr als nur ein Körnchen Wahrheit. Glauben Sie, dass Frau Rose in der Lage sein wird, die Hemden ihres Jungen annähernd auf den gleichen Qualitätsstandard zu bringen, wie Sie es können?

Schwiegermutter: Eva ist im Haushalt so begabt wie ein Zwergpudel.

»Hochzeitszeitung«: Die Kindererziehung gehört fraglos zu den schwierigsten Aufgaben, denen sich ein Mensch gegenüber sehen kann. Sie als Mutter wissen das mit Sicherheit besser als Ihre Kinder. Ein solcher Vorsprung in der Erfahrung kann eine Vielzahl von

Schwierigkeiten mit sich bringen. Auf welche Weise werden Sie Ihren Erfahrungen gegen den Widerstand des Brautpaares Gehör verschaffen?

Schwiegermutter: Ach wissen Sie, als Großmutter ist man da nicht mehr so streng wie bei den eigenen Kindern. Ich werde meine Enkel verwöhnen.

»Hochzeitszeitung«: Das Aufenthaltsrecht der Schwiegermutter in den Räumlichkeiten des jungen Paares ist ein häufig diskutiertes Thema. Nicht selten ergaben sich hieraus in der Vergangenheit Probleme. Haben Sie vor, solchen Auseinandersetzungen aus dem Weg zu gehen, und warum nicht?

Schwiegermutter: Das sind doch verheiratete Leute. Die sagen mir schon, wenn ich sie störe. Ganz davon abgesehen, sieht Eva meinen Jungen ja jetzt öfters als ich.

»Hochzeitszeitung«: Ganz wie die Ihnen künftig anverwandte Frau Edelgunde Rose sind Sie in der glücklichen Lage, auf einen äußerst reichhaltigen Erfahrungsschatz verweisen zu können. Es dürfte nicht leicht sein, aus der Fülle von Ratschlägen den besten auszuwählen. Dürfen wir Sie trotzdem um Ihre ersten Worte an das junge Paar bitten?

Schwiegermutter: Adam mag samstags zum Frühstück ein weich gekochtes Ei und zwei goldbraune Toastscheiben – aber nicht *zu* goldbraun!

GUT IST, WENN DIE SCHWIEGERELTERN FERN UND DIE WASSER NAH SIND.
Mongolisches Sprichwort

DIE SCHWIEGERMUTTER IST VOR DER HOCHZEIT EINE SCHLAFENDE KATZE, NACH DER HOCHZEIT EIN GEFRÄßIGER TIGER.
aus Estland

DIE SCHWIEGERMUTTER IST GEGEN DIE SCHWIEGERTOCHTER UND DIE SCHWIEGERTOCHTER GEGEN DIE SCHWIEGERMUTTER ZUM VERDACHT GENEIGT.
aus Arabien

Liebe Tochter!
Wir geben dich her,
es fällt uns sehr schwer.
Ein Mann und ein Herz,
gegen unseren Schmerz.
Wir haben's gewusst:
Gewinn und Verlust.
Wir zogen dich groß,
nun sind wir dich los.
Wir kennen uns aus,
ein Mann kommt ins Haus,
da ändert sich viel.
Nun bist du am Ziel.
Füreinander bestimmt.
Die Ehe beginnt!

Georg Ihmann (geb. 1927)

*dass er just an jenem Freitag im Oktober
seine Zukünftige kennen lernen wird?
Eva geht es nicht viel anders, als sie froh-
gemut an Anitas Tür klingelt. Ein Tässchen
Tee bei Anita? Immer wieder gerne! Zunächst allerdings, so scheint es, will Anitas
Plan nicht aufgehen. Adam verschluckt sich
an seiner Ostfriesen-Mischung, als er Eva
erblickt. Fortan ist er stumm wie ein Fisch,
eine höchst ungewöhnliche Erfahrung, nicht
nur für ihn. Nun ja, was er sieht, erfreut
sein Auge über die Maßen.
Eva ihrerseits hält sich nicht damit auf, den
großen Schweiger länger zu begutachten.
Ihr Gesichtsausdruck verrät alles: Sie hält
nicht sehr viel von dem jungen Mann. Anita
wiederum lässt sich nicht entmutigen, sie
weiß, dass keiner so leicht bei Eva landen
kann. Zielstrebig leitet sie Teil zwei ihres
Planes ein: Die beiden müssen Gelegenheit
bekommen, sich zu beschnuppern. »Ach
Gott ja, der Hund! Ihr entschuldigt mich,
der muss unbedingt noch ein Viertelstünd-
chen raus!« – und schon ist sie weg. Als sie
45 Minuten später ihre Wohnung wieder
betritt, sind Adam und Eva tief ins Gespräch
vertieft: Es geht um die künstlerischen
Freiheiten in kreativen Berufen.
Ein Wunder ist geschehen: Adam hat seine
Sprache wieder gefunden und auf diesem
Wege der eher abweisenden Eva demons-
triert, dass er nicht nur zuhören, sondern
auch sinnvolle Antworten geben kann.
Eva ihrerseits kann es kaum glauben: Der
Typ sieht gut aus, kann zuhören und redet
sogar – und vor allem spricht er nicht
nur von sich selbst.
Anita ist zufrieden. Der Anfang ist gemacht. Der Rest ergibt sich von alleine.
Heute, kaum vier Jahre später, sitzen Adam
und Eva wieder mit ihr zusammen, einige
andere sind auch dabei. Anita war übrigens Trauzeugin ...*

Wie es weiterging

Natürlich muss der oben übersprungene
weitere Verlauf der Beziehung nicht außen
vor bleiben. Allerdings sollte das dann in
weiteren, kleineren Artikeln geschehen.
Allzu viel Text auf einmal tut einer Zeitung
nicht gut. Das Schriftbild leidet, und für
den Leser ist es schwierig, wenn zu viel
Information auf einmal angeboten wird.
Konzentrieren Sie sich bei der Darstellung
auf offensichtliche, nachprüfbare Aspekte
der Beziehungsentwicklung. Gerüchte, Ver-
mutungen, Subjektives gehören hier nicht
hin. Lassen Sie sich als Redakteur oder
Redakteurin der Hochzeitszeitung z. B.
von folgenden Fragen leiten:

- Wie haben sich Eva oder Adam in den
  letzten Jahren verändert?
- Wer von beiden hat diese Veränderung
  verursacht?
- Wie wirkt das Paar auf andere?
- Wie verhält sich das Paar im Freundeskreis
  oder in der Öffentlichkeit?

Antworten auf diese Fragen bilden den
Rahmen, um die Entwicklung und den
aktuellen Stand der Beziehung zu beschreiben, ohne dass es indiskret wirkt. Auch
hierzu Beispiele:

- Wenn Adam früher Kleidung kaufen
  musste, so wirkte dies eher, als würde
  ein Lamm zur Schlachtbank geführt:
  Von jahrelangem mütterlichem Zwang verweichlicht, schleppte er sich mutlos und
  kraftlos in die Herrenabteilung eines Kaufhauses, probierte nur ungern an und
  kam entweder ohne etwas oder mit dem
  garantiert grässlichsten Stück wieder
  heraus. Erst Eva brachte ihm bei, dass
  man Jeans-Läden und Boutiquen durch-

aus betreten kann, ohne unmännlich zu wirken. Mittlerweile hat der Mann begriffen, dass olivgrüne Khakihemden sich nur schwer mit taubengrauen Jacketts und roten Cordhosen kombinieren lassen. Dank Evas Einfluss konnte Adam von der Hitliste der zehn am schlechtesten angezogenen Männer der Stadt gestrichen werden …

❚ Ganz allmählich gelang es Adam, seine Angebetete von den schönen Seiten des Angelsportes zu überzeugen. Zwar vermag sie bis heute nur mit Mühe einen Aal von einer Ringelnatter zu unterscheiden. Doch an jenem frühen Morgen – es wird wohl gegen vier Uhr gewesen sein –, als die überzeugte Langschläferin Eva sich spontan bereit erklärte, mit ans Wasser zu kommen, stand der Entschluss von Adam fest: Diese Frau geb' ich nie mehr her …

Nett, humorvoll, fröhlich sollen solche Texte sein. Natürlich gibt es auch bei Verliebten so manchen Streit, natürlich sind Hochzeitsvorbereitungen stressig und zuweilen fliegen da zwischen Braut und Bräutigam durchaus die Fetzen – vor allem, wenn das Paar schon seit Jahren zusammenlebt und bereits eine Art Streitkultur entwickelt hat. Doch unangenehme Ereignisse haben in einer Hochzeitszeitung normalerweise nichts verloren – Harmonie und Romantik stehen im Mittelpunkt, auch wenn sie witzig und ironisch verpackt werden. Allerdings – ein bisschen darf das Paar schon »aufgezogen« werden, wenn es in Maßen geschieht:

❚ Natürlich hatte Eva bei der Wahl von Adams Garderobe stets das letzte Wort. Widerspruch war dabei zwecklos …
❚ Wenn es um seinen wöchentlichen Stammtisch geht, macht Adam keine

Zugeständnisse. Selbst Eva musste dies leidvoll erfahren …

In diesen Beispielen wurden Meinungsunterschiede vorsichtig angedeutet. Nichts davon ist dramatisch, kein Grund für böse Worte. Denn dass zwei Menschen zuweilen unterschiedlicher Meinung sind, verschiedene Auffassungen, Vorlieben und Abneigungen haben, ist nur normal und sollte auch bei einem Brautpaar nicht totgeschwiegen werden. Es darf eben – wie gesagt – nur nicht »böse« daherkommen.

Blick in die Zukunft

Nun sollte es in einer Hochzeitszeitung natürlich nicht nur um die Vergangenheit gehen. Schließlich hat das Paar soeben geheiratet und steht vor einer – so hoffen die Gäste – goldenen Zukunft. Diese zu beleuchten ist ein dankbares Sujet für jeden Schreiberling, muss er sich dabei doch nicht an lästige Vorgaben wie »Wahrheit« oder »Genauigkeit« halten, sondern kann seiner Fantasie freien Lauf lassen. Auch hier jedoch gilt es, darauf zu achten, dass die Voraussagen und Analysen freundschaftlich bleiben und stets auf ein Happyend hinauslaufen – apokalyptische Szenarien von drohenden Krisen liest niemand gerne. Wie also könnte ein Blick in die Zukunft aussehen?

Sehr beliebt sind die an Jahreszahlen orientierten Aufzählungen kommender – fiktiver, aber nicht unwahrscheinlicher – Ereignisse.

2005: Eva bringt einen kleinen Michael zur Welt. Adam ist im Kreißsaal dabei, fällt in Ohnmacht, trinkt anschließend vier Bier und verschenkt kubanische Zigarren an die Gäste seiner Stammkneipe.

2007: Eva bringt eine kleine Simone zur Welt. Adam ist im Kreißsaal dabei, durchtrennt die Nabelschnur, fällt danach in Ohnmacht, trinkt anschließend ein Viertele Rotwein und lässt sich von seinen Freunden eine Zigarre spendieren.

2008: Adam versucht, den Dachboden des Hauses auszubauen. Dabei drischt er sich mit dem Hammer auf einen Finger, sägt sich beinahe eine Hand ab, gerät mit dem Bein zwischen zwei Dielen und muss von der Feuerwehr geborgen werden. Er erfindet einen Fluch, der aufgrund seiner Länge und Originalität Einzug ins Guinness-Buch der Rekorde finden könnte.

2010: Eva versucht dem kleinen Michael zu erklären, woher die Babys kommen, weil dieser gefragt hat, warum Mama so einen dicken Bauch hat. Evas Erklärungen werden ignoriert, weil Michael von Adam sein erstes Bravo-Heft bekommen und ihm Papa das Wichtigste schon vorgelesen hat.

2011: Eva bringt eine kleine Sarah zur Welt. Adam wartet vor dem Kreißsaal, erklärt allen anderen Anwesenden, dass seine Anwesenheit drinnen seine Frau und den Arzt unerklärlicherweise nervös macht und lehnt die angebotenen Zigarren mit dem Hinweis ab, er habe das Rauchen aufgegeben.

2012: Adam ist mit dem Ausbau des Dachgeschosses beinahe fertig. Für die Feinarbeiten, die unter anderem im Herausreißen aller Adamschen Wände bestehen, beauftragt Eva einen ortsansässigen Handwerker.

Das Prinzip ist immer das gleiche: Fiktive Ereignisse werden aufgezählt, die sich natürlich vor allem an den Eigenschaften von Braut und Bräutigam und deren Zukunftsplänen orientieren. Adam ist handwerklich nicht besonders geschickt, Eva will mindestens drei Kinder. Aus diesen dünnen Informationen lässt sich schon allerhand basteln, wobei sich das Spielen mit Klischees (in Ohnmacht fallender, Zigarren verteilender Vater) natürlich ebenfalls anbietet. Natürlich können Sie das Ganze auch deutlich trockener halten. So wirkt diese Art Prognose wesentlich realistischer:

2004: Eva wird Mama, Adam wird betrunken: Der kleine Michael ist geboren.

2007: Eva wird zum zweiten Mal Mama, Adam trinkt weniger, freut sich über die kleine Simone.

2008: Adam versucht, das Dachgeschoss auszubauen, und wird von Eva der versuchten Selbstverstümmelung bezichtigt.

Solche Elemente haben mehrere Vorteile. Zum einen lassen sie sich bis ins Rentenalter der beiden Hauptpersonen weiterspinnen, zum anderen kann man damit auf höchst amüsante Art und Weise mit unterschiedlichen Textlängen spielen und sich so die Layoutarbeit einfacher machen.

Gewagte Prognosen

Prognosen über die Zukunft des Brautpaares lassen sich auch in anderer Form abhandeln. Sehr beliebt ist dabei das »Interview« mit Freunden oder Bekannten von Braut und Bräutigam. Das könnte beispielsweise so aussehen:

Auf die Frage, was er in den kommenden Jahren von Eva und Adam erwartet, antwortete Willi: »Drei Kinder, und dass Adam sich beim Ausbau des Dachstuhls selbst

verstümmelt.« Jutta sah ebenfalls drei Kinder voraus und prophezeite zudem, dass Adam seiner Eva zuliebe demnächst das Rauchen aufgeben werde …

Hier ein wandlungsfähiges Beispiel für die Freunde von Statistiken und Prognosen:

Drei Kinder für Adam und Eva sagten vier Befragte voraus, drei plädierten für lediglich zwei Kinder, und Willi war der Ansicht, ein kleiner Adam müsse reichen. Befragt nach den Zukunftsaussichten des jungen Paares, waren zwei der Befragten der Auffassung, Adam werde Karriere machen, zwei andere neigten zum Glauben, Eva werde irgendwann im Lotto gewinnen, und Willi gab zu Protokoll, er sehe auf jeden Fall schwarz. Willi wörtlich: »Kinder? Karriere? Seit dem Tag, als Adam zwei Elfmeter hintereinander verschossen hat, trau' ich ihm gar nichts mehr zu.«

Zu einer glücklichen Ehe gehören meist mehr als zwei Personen.
Oscar Wilde

Es fragt sich, ob das Brautpaar bereits reif für die Ehe ist? Ein paar Tipps und Ratschläge können da nicht schaden!

Tipps für das Eheleben

Im Zusammenhang mit solchen Vorhersagen stehen natürlich auch immer gut gemeinte und freundschaftliche Tipps für das bevorstehende Leben als Ehepaar. In diesem Fall ist es wiederum besonders wichtig, auf guten Stil zu achten, denn Anspielungen auf den Intimbereich des Paares mögen dem Schreiber zwar witzig vorkommen, kommen aber bei den meisten Gästen normalerweise weniger gut an. Stattdessen lohnt es sich auch für diesen Fall, sich mit den unterschiedlichen Charakteren und den Eigenarten von Braut und Bräutigam zu befassen. Das könnte beispielsweise in Form eines kleinen Regelwerks geschehen:

Regel 1: Eva hat immer Recht. Sollte Adam einmal Recht haben, so hatte Eva diese Meinung schon zuvor.

Regel 2: Adam kauft Hemden, Hosen, Jacken und andere Kleidungsstücke nur noch unter Aufsicht.

Regel 3: Eva lernt mit Hilfe eines Experten (nicht Adam) die Abseitsregel.

Regel 4: Wenn kein Grund für das Ertragen unmenschlicher Schmerzen vorhanden ist, bekommt Adam kein Werkzeug in die Hand.

Ob da nun »Regel 1« steht oder »Erster Tipp« oder »Ratschlag Nummer 1«, spielt keine Rolle – wichtig sind lediglich die Inhalte. Und bei denen bedient man sich am besten – wie gesagt – bei den charakterlichen Eigenarten des Paares, wobei die Übertreibung ein erlaubtes, ja geradezu willkommenes Stilmittel ist. Eva will immer das letzte Wort haben? Siehe Regel 1. Adam hat

keine Ahnung von Mode? Siehe Regel 2. Eine weitere Möglichkeit, »gute« Ratschläge an den Mann (oder die Frau) zu bringen, besteht im Verfremden von Ratgebertexten. Jeder kennt die Kummerkasten-Tanten diverser Zeitschriften – ob es sich nun um Frau Brigitte oder um Dr. Sommer handelt. Auch in diesem Stil lassen sich erheiternde Tipps verpacken:

Eva M. aus A. fragt: »Mein Mann trägt ständig grüne Socken und gelbe Hemden zu seinen Jeans. Wie kann ich ihm das abgewöhnen?«
Antwort von Frau Brigitte: »Zwingen Sie ihn am besten dazu, regelmäßig und unvorbereitet in den Spiegel zu schauen. Die ständigen Schocks werden ihm eine heilbare Lehre sein und er wird Ihnen das Aussuchen seiner Kleidung überlassen. Sollte diese Methode nicht fruchten, lassen Sie alle Hoffnung fahren.«

Adam M. aus A. fragt: »Meine Frau will immer das letzte Wort haben. Was soll ich dagegen tun?«
Antwort von Frau Brigitte: »Nichts. Frauen haben nun einmal immer das letzte Wort. Und damit basta!«

Das Brautpaar

Glückwünsche zur Hochzeit

So viel zum Thema Zukunft. Ein anderer wichtiger Bereich wurde bisher noch nicht behandelt, sollte aber keinesfalls vergessen werden: die Glückwünsche. Da man in einer echten Zeitung Glückwunschanzeigen veröffentlichen kann, sollten sie auch in einer Hochzeitszeitung nicht fehlen. Auch in diesem Fall bieten sich viele Möglichkeiten an. Eine »richtige« Zeitungsanzeige mit vergleichsweise wenig Text und vielen Namen sieht hübsch aus und lockert eine Seite optisch enorm auf. Aber Glückwünsche lassen sich auch sehr hübsch in Textform fassen:

Liebe Eva, lieber Adam,
zu eurer Hochzeit gratulieren euch von
Herzen Jutta und Hans (die sich noch nicht
getraut haben), Bernd und Sigrid (die sich
vor kurzem getraut haben), Stefan und
Anke (die sich demnächst trauen werden),
Michael und Angela (die sich glatt wieder
trauen würden), Karin und Uwe (die total
vertraut, aber noch nicht getraut sind)
sowie Birgit und Heinz (die sich momentan
fragen, ob sie sich trauen).

Denkbar die folgende Version:

Liebe Eva, lieber Adam,
völlig fassungslos, überrascht, erstaunt,
schockiert, geblendet, beeindruckt, hin und
weg, fasziniert und bewundernd nehmen
wir eure Hochzeit zur Kenntnis und gratu-
lieren von Herzen, mit Schmerzen, unter
Tränen der Rührung, mit Begeisterung, in
aufrichtiger Freude, unter tief empfundener
Anteilnahme, mit begeisterter Zustimmung,
in stillem Gedenken und in vollem Bewusst-
sein der erstaunlichen, unfassbaren, nie
für möglich gehaltenen, phänomenalen,
hinreißenden, großartigen und grandiosen
Tragweite eurer weisen, klugen, nachvoll-
ziehbaren, schönen, sinnvollen und ermu-
tigenden Entscheidung. Alles Gute, alles
Liebe, nur das Beste.

Wer in der Lage ist, obiges Satzungetüm noch zu verlängern, der fühle sich frei!

Adams Lebenslauf

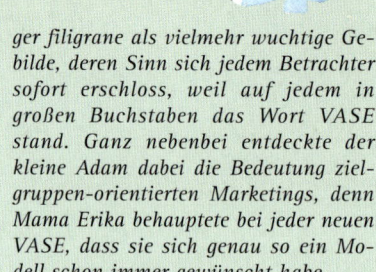

Schon als Dreikäsehoch verriet Adam seinen Hang zum Erforschen komplizierter Technik. Er zerlegte Opas gutes altes Transistorradio äußerst fachmännisch in seine Einzelteile und weigerte sich dann, es wieder zusammenzusetzen, mit dem Hinweis, jetzt müsse er erst einmal Pause machen. Anschließend war dann allerdings eine neue »Baustelle« dran.

Früh wurde also offenkundig, dass aus Adam mal ein tüchtiger Handwerker werden könnte, was sich dann in der Schule bestätigte. Seine Töpferarbeiten im Fach »Kunsterziehung« waren weniger filigrane als vielmehr wuchtige Gebilde, deren Sinn sich jedem Betrachter sofort erschloss, weil auf jedem in großen Buchstaben das Wort VASE stand. Ganz nebenbei entdeckte der kleine Adam dabei die Bedeutung zielgruppen-orientierten Marketings, denn Mama Erika behauptete bei jeder neuen VASE, dass sie sich genau so ein Modell schon immer gewünscht habe.

Dass Adam trotz seiner offenkundigen Abneigung gegen jede Form von Autorität aufs Gymnasium ging und damit seine Schullaufbahn entscheidend verlängerte, mag auf den ersten Blick widersprüchlich wirken. Das Abitur bestand er zur Überraschung aller im ersten Anlauf, wobei sich jedoch am Adam-Riese-Gymnasium hartnäckig das Gerücht hält, das Lehrerkollegium hätte alles Erdenkliche dafür getan, diesen Schüler loszuwerden. Im Studium begann er dann erstmals ernsthaft, sich für ein Leben nach der Kindheit zu interessieren. Doch ist es nach wie vor rätselhaft, warum er ausgerechnet Chemiker werden wollte.

Allerdings entdeckte er mit der Zeit, dass zwischen Männern und Frauen in bestimmten Fällen die Chemie durchaus auch stimmen kann. Mitten in diesem längst überfälligen Lernprozess lernte er in einer schummrigen Kneipe in Schwabing Eva kennen. Das Wort »schummrig« ist deshalb von Bedeutung, da Eva aufgrund der schwachen Beleuchtung seine übliche »Ausgehuniform« wohl nicht richtig wahrnehmen konnte: löchrige Jeans, ein T-Shirt mit der höchst originellen Aufschrift »Ich bin fast 30, helft mir über die Straße« und Uralt-Turnschuhe, die selbst der Retro-Trend schon links überholt hatte. Wie gesagt – all dies sah Eva nicht so deutlich, und bei der nächsten Begegnung hatte er bereits den mutigen Entschluss gefasst, sich wie ein zivilisierter Mensch zu benehmen und auch so zu kleiden.

Und was ist aus Adam geworden?

Ein guter Freund erzählt:

Adams grenzenlose Gutmütigkeit ist zwar manchmal lästig, aber letztlich auch wieder ungemein erfrischend. In Singapur hat er einmal paar Straßenköter wochenlang durchgefüttert, aus Mallorca drei halb verhungerte Kätzchen nach Deutschland geschmuggelt und dann an andere Tierfreunde abgegeben. Wenn man ihn beim Umgang mit Tieren beobachtet, wirkt er keineswegs so tölpelhaft wie im Umgang mit Frauen.

Ein Wunder, dass Eva ihn erhört hat, denn die Art und Weise, wie er Frauen anzusprechen pflegt, kommt selten über den Satz »Hallo, ich bin der Adam. Bist du auch alleine hier?« hinaus. Wenn sich ein weibliches Wesen dann doch aus reiner Verlegenheit mit diesem tollpatschigen Troll auf ein Gespräch einlässt, kippt er ihr bald unweigerlich Kaffee über ihren Rock.

Diese zwei Innenseiten zur Hochzeitszeitung, von der auf den Seiten 30/31 der Umschlag gezeigt wird, beschäftigen sich mit der Herkunft des Bräutigams, mit (hoffentlich!) gut gemeinten Ratschlägen und mit den Zukunftsplänen des Brautpaares.

Lieber Adam,

ein guter Ehemann muss studiert haben:

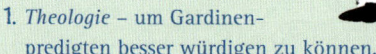

1. *Theologie* – um Gardinenpredigten besser würdigen zu können,
2. *Jura* – um zu begreifen, dass Frauen immer Recht haben,
3. *Medizin* – um seine Frau richtig behandeln zu können,
4. *Philosophie* – um Frauenlogik gründlich zu verstehen,
5. *Mathematik* – um zu wissen, dass Frauen unberechenbar sind,
6. *Geometrie* – um jeden Winkel im Herzen einer Frau entdecken zu können,
7. *Meteorologie* – um zu merken, wann Sturm und Gewitter im Anzug sind,
8. *Arithmetik* – um zu entdecken, wann seine Frau ihm ein X für ein U vormacht,
9. *Strategie* – um zu lernen, dass Angriff die beste Verteidigung ist,
10. *Poesie* – um sich aus allen Ungereimtheiten seiner Frau den richtigen Vers machen zu können,
11. *Astronomie* – um in ihren Augensternen lesen zu können, und schließlich
12. *Musik* – um ihr erforderlichenfalls die Flötentöne beizubringen und trotzdem das Lob seiner Frau in allen Tönen singen zu können. Außerdem ist das Wissen um Dissonanz und Harmonie im Eheleben sehr wichtig. Den Takt muss der Mann besitzen – er muss ihn vor allem auch angeben können.

Wie alles begann ...

Als die Verfasserin dieser Zeilen einst mit Eva durch die Innenstadt spazierte, kam uns beiden ein gewisser Thomas entgegen. Thomas, ein Mensch, der ganz und gar von seiner eigenen Bedeutung überzeugt war, versuchte, »die beiden Grazien« (Zitat Thomas) zu einem gemeinsamen Diskothekenbesuch zu bewegen, was von Eva freundlich, aber entschieden abgelehnt wurde. Ihre Antwort war nicht ganz frei von unterschwelligem Sarkasmus: »Im Prinzip gerne, Thomas, aber wenn ich mit dir irgendwo ge-

Wenn Adam früher Kleidung kaufen musste, so wirkte dies eher, als würde ein Lamm zur Schlachtbank geführt: Von jahrelangem mütterlichem Zwang verweichlicht, schleppte er sich mutlos und kraftlos in die Herrenabteilung eines Kaufhauses, probierte nur ungern an und kam entweder ohne etwas oder mit dem garantiert grässlichsten Stück wieder heraus.

Erst Eva brachte ihm bei, dass man Jeans-Läden und Boutiquen durchaus betreten kann, ohne unmännlich zu wirken. Mittlerweile hat der Mann begriffen, dass olivgrüne Khakihemden sich nur schwer mit taubengrauen Jacketts und roten Cordhosen kombinieren lassen. Dank Evas Einfluss konnte Adam von der Hitliste der zehn am schlechtesten angezogenen Männer der Stadt gestrichen werden ...

2005: *Eva bringt einen kleinen Michael zur Welt. Adam ist im Kreißsaal dabei, fällt in Ohnmacht, trinkt anschließend vier Bier und verschenkt kubanische Zigarren an die Gäste seiner Stammkneipe.*

sehen werde, bin ich doch die Lachnummer des Abends. Nimm's nicht persönlich.« Ob Thomas es persönlich nahm, lässt sich heute nicht mehr sagen. Fest steht jedoch, dass Evas Ehrlichkeit stets sehr entwaffnend war. Zugegeben, für diesen Thomas (es handelt sich nicht um den Bräutigam, der heißt Adam) ist diese Schilderung nicht eben schmeichelhaft, doch man kann an dieser Stelle getrost davon ausgehen, dass er nicht zur Feier eingeladen wurde und diese Darstellung wahrscheinlich nie zu Gesicht bekommen wird.

Falls Sie die Begebenheit – aus welchen Gründen auch immer – lieber nicht in die Zeitung aufnehmen möchten, können Sie immer noch mit weniger spitzer Feder zu Werke gehen:

Niemand würde je vermuten, dass die so ordentlich und entschlossen wirkende Eva durchaus chaotische Züge haben kann. So bleibt beispielsweise der Moment unvergesslich, als sie nach langem Anprobieren zu einer genervten Schuhverkäuferin sagte: »Ich bin sicher, ich finde bei Ihnen noch etwas. Ich glaube, das erste Paar, das ich anprobiert habe, war gar nicht so übel.«

Zwei Tauben saßen auf einem Dach und waren guter Dinge, denn heute war ja »Hochzeitstach« und sie – sie hatten die Ringe.

Auf die Frage, was er in den kommenden Jahren von Eva und Adam erwartet, antwortete Willi: »Drei Kinder, und dass Adam sich beim Ausbau des Dachstuhls selbst verstümmelt.« Jutta sah ebenfalls drei Kinder voraus und prophezeite zudem, dass Adam seiner Eva zuliebe demnächst das Rauchen aufgeben werde ...

Hier ein wandlungsfähiges Beispiel für die Freunde von Statistiken und Prognosen:

Drei Kinder für Adam und Eva sagten vier Befragte voraus, drei plädierten für lediglich zwei Kinder, und Willi war der Ansicht, ein kleiner Adam müsse reichen. Befragt nach den Zukunftsaussichten des jungen Paares, waren zwei der Befragten der Auffassung, Adam werde Karriere machen, zwei andere meinten, Eva werde irgendwann im Lotto gewinnen, und Willi gab zu Protokoll, er sehe auf jeden Fall schwarz. Willi wörtlich: »Kinder? Karriere? Seit dem Tag, als Adam zwei Elfmeter hintereinander verschossen hat, trau' ich ihm gar nichts mehr zu.«

Gedichte

Die Braut hat ihre ganz eigenen, der Bräutigam auch – die weitaus meisten Gedichte aber beziehen sich auf das traute Paar. Logisch eigentlich, wenn es um die Hochzeit geht.

Willkommen hier im trauten Kreise,
ihr Gäste, die ihr kommt von weit und breit.
Lasst euer Herz nach altgewohnter Weise
in Festtagsfreude sich ergehen heut.
Vergesst des Erdenlebens Müh und Sorgen
und seine Lasten, seine Pein,
lebt nur dem Heute, nicht dem Morgen,
gehört dem Frohsinn nur allein.

Autor unbekannt

Sie hat nichts und du desgleichen,
dennoch wollt ihr, wie ich sehe,
zu dem Bund der heil'gen Ehe
euch bereits die Hände reichen.
Kinder, seid ihr denn bei Sinnen?
Überlegt euch das Kapitel!
Ohne die gehör'gen Mittel
soll man keinen Krieg beginnen.

Wilhelm Busch (1832 – 1908)

Denn wo das Strenge mit dem Zarten,
wo Starkes sich und Mildes paarten,
da gibt es einen guten Klang.
Drum prüfe, wer sich ewig bindet,
ob sich das Herz zum Herzen findet.
Der Wahn ist kurz, die Reu ist lang.

Friedrich von Schiller (1759 – 1805)

Was das für ein Gezwitscher ist!
Durchs Blau die Schwalben zucken
und schrei'n: »Sie haben sich geküsst!«
Vom Baum Rotkehlchen gucken.
Der Storch stolziert von Bein zu Bein;
»da muss ich fischen gehen –«.
Der Abend wie ein Traum darein
schaut von den stillen Höhen.
Und wie im Traume von den Höhen
seh' ich nachts meiner Liebsten Haus,
die Wolken darüber gehen
und löschen die Sterne aus.

Joseph von Eichendorff (1788 – 1857)

O glücklich, wer ein Herz gefunden,
das nur in Liebe denkt und sinnt
und, mit der Liebe treu verbunden,
sein schön'res Leben erst beginnt.
Wo liebend sich zwei Herzen einen,
nur eins zu sein in Freud und Leid,
da muss des Himmels Sonne scheinen
und heiter lächeln jede Zeit!

Hoffmann von Fallersleben (1798 – 1874)

Ein Eh'stand ist alsdann beglückt,
wenn eins sich in das andre schickt,
wenn eins das andre liebt und scheut,
er nicht befiehlt, sie nicht gebeut,
und beide so behutsam seien,
als wollten's erst einander freien.

Christian Fürchtegott Gellert (1715 – 1769)

O zarte Sehnsucht, süßes Hoffen,
der ersten Liebe goldne Zeit!
Das Auge sieht den Himmel offen,
es schwelgt das Herz in Seligkeit.
O dass sie ewig grünen bliebe,
die schöne Zeit der jungen Liebe!

Friedrich von Schiller (1759 – 1805)

Wer je gelebt in Liebesarmen,
der kann im Leben nie verarmen,
und müsst' er sterben fern, allein,
er fühlte noch die sel'ge Stunde,
und noch im Tode ist sie sein.

Theodor Storm (1817 – 1888)

Lebensweisheiten

Der Lebensweisheiten gibt es viele. Das gilt für die Braut ebenso wie für den Bräutigam – nicht weniger natürlich für die Ehe.

Die meisten Menschen machen das Glück zur Bedingung. Aber das Glück findet sich nur ein, wenn man keine Bedingungen stellt.
Arthur Rubinstein

Es gibt sehr viele Gründe für Scheidungen, aber der Hauptgrund ist und bleibt die Hochzeit.
Jerry Lewis

Man verliebt sich in der Dämmerung, heiratet bei Kerzenschein, aber zusammen-leben muss man bei Tageslicht.
aus Portugal

Beide schaden sich selbst, der zu viel verspricht und der zu viel erwartet.
Gotthold Ephraim Lessing

Die Liebe hat nicht nur Rechte, sie hat auch immer Recht.
Marie von Ebner-Eschenbach

Ob man heiraten soll, oder nicht? Tue von beiden, was du willst, und es wird dich bestimmt reuen.
Sokrates

*Lebensweisheiten
gibt man immer
gern mit auf den
Weg!*

Die Ehe ist ein Bauwerk, das jeden Tag
neu errichtet werden muss.
André Maurois

In der Ehe stammen Drehbuch und Regie
vom Mann, Dialoge und Ton von der Frau.
Federico Fellini

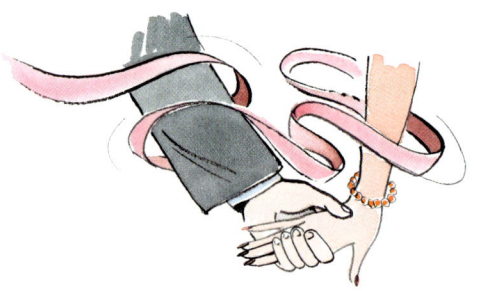

Die Ehe ist der Versuch, zu zweit mit den
Problemen fertig zu werden, die man alleine
nie gehabt hätte.
Woody Allen

Die Ehe ist die Vereinigung zweier gött-
licher Funken, auf dass ein dritter auf Erden
geboren werde.
Khalil Gibran

In unserem monogamischen Weltteile heißt
heiraten seine Rechte halbieren und seine
Pflichten verdoppeln.
Arthur Schopenhauer

Bevor du heiratest, halte beide Augen offen,
doch hinterher drücke eines zu.
aus Jamaika

Die Liebe, welch' lieblicher Dunst!
Doch in der Ehe, da steckt die Kunst.
Theodor Storm

Erfolgreich ist der Mann, dem es gelingt,
mehr zu verdienen, als seine Frau ausgeben
kann. Und eine erfolgreiche Frau ist genau
diejenige, der es gelingt, einen solchen
Mann zu finden.
John D. Rockefeller

Eine gute Ehe wäre jene zwischen einer
blinden Frau und einem tauben Mann.
Michel de Montaigne

Eheleute, die sich lieben, sagen sich tausend
Dinge, ohne zu sprechen.
aus China

Wenn wir heiraten, übernehmen wir ein
versiegeltes Schreiben, dessen Inhalt wir
erst erfahren, wenn wir auf hoher See sind.
Lilli Palmer

Heirate nie um des Geldes willen.
Du leihst es billiger.
aus Schottland

Kleine Streitigkeiten würzen, große Strei-
tereien versalzen die Ehesuppe.
Stephan Lackner

Die Ehe gibt dem Einzelnen Begrenzung
und dadurch dem Ganzen Sicherheit.
Christian Friedrich Hebbel

Hinter einer langen Ehe steht immer
eine sehr kluge Frau.
Ephraim Kishon

Ehewitze

Die Ehe ist eine ganz und gar ernsthafte Angelegenheit – oder? Wenn die Redaktion der Hochzeitszeitung das anders sieht, tut sie gut daran, den Gästen ein paar Lacher zu servieren. Die kurzen Texte eignen sich hervorragend als Lückenfüller und zur Auflockerung Ihrer Hochzeitszeitung. Aber Vorsicht – leider sind viele Witze über die Ehe und das Zusammenleben von Mann und Frau nicht gesellschaftsfähig. Hier folgt eine kleine unverfängliche Auswahl.

Der Personalchef

Der Personalchef interessiert sich besonders für den Familienstand. »Ich bin Junggeselle«, antwortet der Bewerber. »Dann ist leider nichts zu machen«, meint der Personalchef, »wir stellen nur Leute ein, die es gewohnt sind, sich unterzuordnen!«

Der Reporter

Fragt der Reporter das Silber-Hochzeitspaar, ob sie in den letzten 25 Jahren nicht schon mal an Scheidung gedacht haben. Darauf der Mann: »An Scheidung nicht – aber an Mord!«

Eine perfekte Ehe

»Die Müllers führen wirklich eine perfekte Ehe«, sagt eine Nachbarin zur anderen. »Inwiefern denn?« »Er schnarcht, und sie ist taub.«

Nach der Party

Der eheliche Kommentar nach der Party auf dem Heimweg: »Du hast mal wieder ein Blech geredet. Ich kann nur hoffen, niemand hat mitgekriegt, dass du nicht betrunken warst.«

Nagetiere

Frau Werner sieht einen Tierfilm im Fernsehen. Plötzlich fragt sie Herrn Werner: »Ist das wahr, dass Nagetiere besonders dumm und gefräßig sind?« Herr Werner: »Ja, mein Mäuschen.«

Die gute und die schlechte Nachricht

Die Ehefrau kommt nach Hause und sagt zum Ehemann: »Ich habe eine gute und eine schlechte Nachricht, welche willst du zuerst hören?« »Na die gute.« »Also: Der Airbag hat funktioniert …«

Im Krankenhaus

Meier wird ins Krankenhaus eingeliefert. Die Schwester fragt ihn: »Sind Sie verheiratet?« »Ja, aber die Verletzungen stammen vom Autounfall!«

Der Heiratsantrag

Zwei Freunde unterhalten sich: »Hat die Rosi deinen Heiratsantrag angenommen?« »Nein, leider nicht, ich soll noch warten!« »Worauf denn warten?« »Auf die anderen, sie sagte, ich wäre der allerletzte, den sie heiraten würde!«

Der Pelzmantel

Die Mutter hat einen neuen Pelzmantel. Der Sohn seufzt: »Was musste das arme Vieh leiden, bis du den Pelz bekamst!« Mutter: »Ich verbiete dir, so über deinen Vater zu reden!«

»Peter kommt aus der Schule: »Du, Papa, der Lehrer hat erzählt, dass die Eingeborenen in Afrika ihre Frauen erst nach der Hochzeit kennen lernen.« »Ja, mein Junge, das ist aber nicht nur in Afrika so.«

Fest-Regeln

Regeln müssen sein, sonst herrscht das blanke Chaos. Eigentlich liegt es ja – das darf man nicht verhehlen – durchaus im Ermessen der Gastgeber, wie sie sich ihre Feier wünschen. Die Redaktion der Hochzeitszeitung allerdings ist in der komfortablen Lage, zumindest ein wenig Einfluss auf die Geschehnisse der Festivität zu nehmen. Die nachfolgende Festordnung freilich ist ausschließlich unterhaltsam gemeint:

Ein weiterer Punkt in der Festtagsordnung könnte sein: Jeder Gast hat einen Anspruch auf einen herzlichen Rausschmiss.

1. Die Hochzeit beginnt am Anfang und hört auf, wenn die Zahl der Gäste auf weniger als einen gesunken ist. Das Brautpaar ist von dieser Regelung ausdrücklich ausgenommen.

2. Jeder Gast hat persönlich mit leidlich gekämmtem Haar, mit ausreichend Durst, Appetit und einer guten Portion Humor zum Fest zu erscheinen.

3. Die Gäste sind gehalten, nicht mehr zu essen und zu trinken, als sie mit äußerster Anstrengung bewältigen können.

4. Das Mitbringen von Haustieren ist grundsätzlich nicht verboten. Wer einen Kater mit nach Hause nehmen möchte, darf das selbstverständlich gerne tun.

5. Das Erzählen von Witzen im kleinen Kreis ist lediglich geduldet, nicht aber ausdrücklich gestattet. Wer zur Erheiterung der Feier beitragen möchte, soll dies in aller Öffentlichkeit tun.

6. Zum Essen bitte die bereitgestellten Bestecke verwenden. Bitte Verletzungsgefahr bei mangelnder Übung beachten!

7. Der freie Flug von Schlagsahne, Kroketten, Pflaumen- oder Kirschkernen, Sektkorken, Suppentellern, Messern, Gabeln, Löffeln, Gästen oder Ähnlichem ist nur insoweit zulässig, als weder eine Person noch die Einrichtung der Festräume dadurch Schaden nehmen dürfen.

8. Gäste, welche durch den Verlust ihres Gleichgewichts unter den Tisch fallen, werden gebeten, sich nicht am Tischtuch festzuhalten.

9. Wer ironische, sarkastische, gehässige oder auf sonstige Art und Weise unpassende Anspielungen auf den bisherigen Lebenswandel des Bräutigams äußert oder einfach nur die Wahrheit sagt, wird zur Silberhochzeit wieder eingeladen.

10. Solange ein Tischredner redet, redet kein anderer! Die Erlaubnis zum Tischreden wird an jeweils maximal fünf Redner gleichzeitig vergeben.

11. Nicht gestattet ist es, Scherze übel zu nehmen oder einfach sang- und klanglos zu verschwinden.

12. Zum Mitsingen aller Lieder sind auch diejenigen verpflichtet, die behaupten, keine Singstimme zu haben. Personen mit Stimmbruch bilden einen eigenen Chor.

13. Speisen, die das Fassungsvermögen des eigenen Magens übersteigen, haben im Festsaal zu verbleiben. Wer dabei erwischt wird, dass er Bratenstücke in die Hochzeitszeitung einwickelt, hat sie sofort öffentlich zu verzehren. Der bereits erreichte Sättigungsgrad findet bei dieser Regelung keine Berücksichtigung.

Aus aller Welt

In jeder Zeitung stehen Nachrichten »aus aller Welt«, in denen die Leser viel über die Prominenten dieser Welt erfahren, und auch in seriösen Blättern findet sich eine Promi-Ecke. Ob das, was berichtet wird, immer der Wahrheit entspricht? Das darf sicher manchmal bezweifelt werden. Im Vordergrund steht bei solchen Klatschkolumnen der Unterhaltungswert. Die wichtigsten Promis in unserer Hochzeitszeitung sind freilich Braut und Bräutigam. Vielleicht gefallen Ihnen die folgenden Vorschläge – wobei es auch hier erst in zweiter Linie auf den Wahrheitsgehalt ankommt.

Die Europäerin in China

Eine Europäerin war einst zum Tee bei den acht Frauen eines chinesischen Mandarins. Die chinesischen Damen untersuchten ihre Kleider, ihre Zähne und so weiter, am meisten aber waren sie über ihre Füße erstaunt. Diese waren natürlich nicht nach asiatischer Sitte eingeschnürt. »Wie!«, rief eine von ihnen, »Sie können gehen und laufen so gut wie ein Mann?« – »Aber sicher«, versetzte die Europäerin. »Können Sie auch reiten und schwimmen?« – »Jawohl.« – »Dann müssen Sie ja so stark wie ein Mann sein?« – »Bin ich.« »Und Sie würden sich von einem Mann auch nicht schlagen lassen – nicht einmal von Ihrem Gatten, nicht wahr?« – »Gewiss nicht«, sagte die Europäerin. Da schauten sich die acht Frauen des Mandarins an und nickten mit den Köpfen. Schließlich sagte die Älteste sanft: »Nun verstehe ich, warum diese barbarischen Europäer niemals mehr als nur eine Frau besitzen. Sie haben einfach Angst.«

John F. Kennedy

Einem Journalisten, der John F. Kennedy fragte, welches der beste Rat gewesen sei, den er je erhalten hätte, antwortete der damalige amerikanische Präsident spontan: »Der, meine Frau zu heiraten.« »Und wer hat Ihnen diesen Rat gegeben?«, fragte daraufhin der Reporter. »Na, sie selbst natürlich.«

Ehemänner leben länger

Eine wissenschaftliche Untersuchung belegt die Tatsache, dass Männer ohne Frauen schlicht lebensuntauglich sind. Die Universität San Francisco hat eine repräsentative Befragung von 7651 Männern zwischen 45 und 68 Jahren durchgeführt. Dabei stellte sich heraus, dass die unverheirateten, allein stehenden Männer ein doppelt so hohes Risiko haben, im Laufe der folgenden zehn Jahre zu sterben, wie verheiratete. Auch zeitweilige Lebenspartnerinnen schmälern dieses Risiko gemäß der Studie keineswegs.

Weltraumverbot für Junggesellen

Noch Ende der 1970er Jahre hat die amerikanische Raumfahrtbehörde (NASA) Junggesellen partout nicht in den Weltraum gelassen. Als Astronauten kamen lediglich Ehemänner in Frage. Man ging schlicht davon aus, dass ein verheirateter Mann ausgeglichener sein müsse als ein ungebundener.

Der Gatte der Premierministerin

Als das Ehepaar Thatcher vor vielen Jahren in den Amtssitz Downing Street Nr. 10 einzog, fragte ein Reporter den Ehemann der Premierministerin, Denis Thatcher: »Wer hat eigentlich in diesem Haus die Hosen an?« Die Antwort ließ keine Fragen offen: »Ich. Und ich wasche und bügele sie auch.«

Was sagt denn Brigitte Bardot zur Hochzeit? »Eine Heirat geht ja furchtbar schnell, aber die Scheidung ist immer so zeitraubend.«

Kein gutes Beispiel

Königin Alexandra war die Gemahlin von König Edward VII. von England, einem der größten königlichen Herzensbrecher aller Zeiten. Am 10. Mai 1910, nach einem Leben voller Untreue und Wollust, starb der König. Neben seinem Sterbebett verharrte die viel geprüfte Königin einige Minuten in stiller Trauer. Doch plötzlich huschte ein Lächeln über ihr Antlitz. Eine tröstende Inspiration linderte die Trauer über den Verlust des Gatten. Zu einem der Kammerdiener gewandt, sagte sie erleichtert: »Jetzt weiß ich wenigstens, wo er ist.«

Die teuerste Hochzeit der Welt

Rund 40 Millionen Euro kostete die Vermählung von Muhtadee Billah Bolkiah, dem Sohn des Sultans von Brunei. Der Sprössling des reichsten Mannes der Welt bewohnt einen Palast mit 1788 Zimmern, besitzt 2000 Luxuslimousinen und nun auch eine Frau. Angeblich aus Liebe heiratete der 30-jährige Kronprinz eine 17-jährige Bürgerliche. Das Mädchen heißt Dayangku Sarah binti Pengiran Salleh Ab Rahaman und schwört, dass ihr zukünftiger Mann »ein Traum« sei. Um die Trauung angemessen zu feiern, hat das Sultanat die bis dahin größte Party der Welt organisiert. Allein im Bankettsaal, wo die Zeremonie stattgefunden hat, haben 4000 Menschen Platz. Seine Flitterwochen hat das Paar in Rom verbracht. Dort bewohnten die beiden eine 250 Quadratmeter große Suite im Hilton Hotel.

Impressum (Hochzeitszeitung)

Das Redaktionsteam hat viel gearbeitet, um die Hochzeitszeitung herzustellen, und verabschiedet sich zum Schluss vom Brautpaar und seinen Gästen. Dabei ist es nur recht und billig, wenn die Damen und Herren Redakteure, Rechercheure, Fotografen und Schreiber auch namentlich genannt werden.

Jetzt sind wir zum Schluss gekommen.
Vieles habt ihr nun vernommen,
hier was Zartes, dort was Lautes,
selbst Verfasstes und Geklautes.
Vieles hat sich zugetragen,
Vieles wäre noch zu sagen,
so viel Heit'res und auch Schönes,
manchmal auch Unangenehmes.
Wenn ihr nur ahntet, wie man schwitzt,
eh' endlich ein Gedanke blitzt.
Drum schränkt das Kritisieren ein –
es könnt' ja noch viel schlimmer sein!
Lassen wir's hiermit genügen.
In ganz riesengroßen Zügen
weiter schreitet jetzt das Leben,
mal haut's hin, mal geht's daneben.
Älter wird man und gescheiter
und das Leben geht stets weiter.
So leb' denn wohl, du junges Paar,
was ihr euch wünscht, das werde wahr.

Redaktionsleitung: [Namen einfügen]
Textredaktion: [Namen einfügen]
Recherche: [Namen einfügen]
Fotografie: [Namen einfügen]
Spionage: [Namen einfügen]
Layout: [Namen einfügen]
Informanten: werden nicht verraten
Auflage: ja
Erscheinungsweise: einmalig
verantwortlich im Sinne des Presserechts: wie bitte?

Fotos, Logos, Zeichnungen

Der Mensch freut sich nicht am Text allein – Bilder und andere grafische Elemente (Zeichnungen, Logos usw.) sind mehr als nur schmückendes Beiwerk. Sie führen den Leser durch das Blatt, können Vergangenes gegenwärtig werden lassen, unerwartete Einblicke gewähren, Glückwünsche greifbar machen, zum Lachen anregen.

Die Redaktion ist gut dran, wenn sie Zugriff auf die Familienalben der Brautleute hat. Babyfotos, Bilder aus der Kindergartenzeit oder von der Einschulung: Manch alter Schnappschuss wird in dem Brautpaar und den Schwiegereltern Erinnerungen wachrufen. Und die ganze Hochzeitsgesellschaft wird sich amüsieren, wenn Sie mit einer passenden Bildunterschrift einen Bezug zur Gegenwart herstellen. So könnte etwa die Unterschrift unter einem Foto, das Adam im Alter von drei Jahren beim Sandburgenbau zeigt, lauten: »Kaum den Windeln entwachsen, ging Adam zielstrebig daran, seinen Berufsweg als Bauingenieur vorzubereiten.« Überhaupt: Bildunterschriften müssen sein! Lassen Sie kein Foto ohne passende Zeilen. Aber auch hier gilt, dass Abwechslung die Würze der Hochzeitszeitung ist. Nicht jede Bildunterschrift muss den Bogen zur Gegenwart schlagen. Neben Action-Fotos, etwa von der Luftballon-Schlacht beim Kindergeburtstag, hat auch Rührseliges seinen Platz: Die kleine Eva mit verträumten Augen, Daumen im Mund und Schmusetier an der Wange, oder der kleine Adam, Gesicht und Hände mit Teig und Schokolade beschmiert, beim Plätzchen backen – das sind Stimmungsbilder, die den Charme Ihrer Zeitung steigern werden.

Hobbys und Vorlieben

Sehr gut geeignet, um Braut und Bräutigam zu charakterisieren, sind auch deren Hobbys. Schlägt Adams Herz möglicherweise für Bayern München oder gar für Schalke 04? So etwas lässt sich trefflich in einem kleinen Text verarbeiten. Wenn daneben dann auch das Logo des Vereins prangt, wirkt der ganze Artikel gleich wesentlich plastischer.

Anderes Beispiel: Eva ist eine leidenschaftliche Motorradfahrerin (auch das soll vorkommen!). Organisieren Sie ein Foto ihrer Traummaschine. Zusammen mit einem kleinen Text ist so ohne große Mühe ein lieber Wunsch für die Zukunft verfasst – und jeder Gast weiß, wie das Gerät aussieht, mit dem Eva am liebsten mit 200 km/h über die Autobahn brettern würde.

Um bei den Glücks- und Zukunftswünschen zu bleiben: Ein Blick in einen Reiseprospekt könnte sich lohnen. Hier findet sich bestimmt der eine oder andere weiße Traumstrand vor azurblauem Ozean unter wolkenlosem Himmel. So sehen doch die

Bei den Glücks- und Zukunftswünschen passt ein Bild von weißen Traumstränden immer gut dazu.

Hier ein Sammel-
surium an Beispielen,
was sich als Bildmate-
rial für eine Hoch-
zeitszeitung eignet.

Schrift »Critter«

**Schrift »Bermuda LP
Squiglle«**

SoupBone Dingbats

Hoefler Text Ornaments

Als Anregung die Na-
men einiger Spezial-
schriften, Zeichen und
Ornamente.

Gerade die Hoefler
Text Ornaments können
sehr gut mit Linien
oder Linienrahmen
kombiniert werden und
wirken recht dekorativ
(siehe z.B. auf Seite 27
dieses Buches).

Beizeiten übt man sich im Umgang mit dem
floralen Brautschmuck.

Erstmal das Abtauchen trainieren, ehe »ein toller
Hecht« auftaucht.

Maier

Schriften:
Alte Schwabacher
und Rotis Serif

Schrift: Nyx

Adam & Eva

Schrift: FF Justlefthand

Brautleute! Bewahrt euch etwas von
der Fantasie eurer Kindheit!

Lehr- und Wander-
jahre der Braut.

Weshalb denn immer nur »Klinik unter
Palmen«?

Auf Neudeutsch: Im Fokus steht auch hier der Mann!

Glückwünsche von »Picasso«.

»Frau« bleib(t) auf der Hut!

aus, die man dem Paar für die Flitterwochen wünscht. Nicht viel schwieriger wird die Suche nach einem Bild von der Traumvilla, dem Supersportwagen oder dem edlen Araberhengst werden. Für jeden Wunsch gibt es das passende Bild. Fotos machen Wünsche nicht wahr, aber sie helfen, von der Verwirklichung zu träumen. Auf jeden Fall zeigen sie den Brautleuten, dass die Redaktion sich Mühe gegeben hat, ihnen eine Freude zu bereiten.

Zeichentalent gesucht

Ebenfalls der Auflockerung der Zeitung dienen Cartoons, Karikaturen oder selbst gefertigte Zeichnungen. Es gibt eine Unzahl von solchen meist scherzhaften Zeichnungen. Die einen ziehen die »Institution Ehe« ein wenig durch den Kakao, andere wiederum sind einfach nur freundlich und nett. Allerdings sei hier eine Warnung ausgesprochen. Wenn Sie im Internet nach Karikaturen oder Grafiken suchen, werden Ihnen viele Homepages angezeigt, die Sie zum Herunterladen eines speziellen Einwählprogramms auffordern. Weil das Installieren eines solchen Programms sehr hohe Verbindungskosten verursachen kann (das stellen Sie dann spätestens bei Ihrer nächsten Telefonrechnung fest), kann der Rat nur lauten: Finger weg davon!
Vielleicht haben Sie ja im Redaktionsteam ein Zeichentalent, das die eine oder andere Zeichnung beisteuern kann. Leider sind solche Glücksfälle recht selten. Ihre Zeitung würde mit eigenen Zeichnungen (die ja ruhig auch ein bisschen naiv sein können) allerdings eine noch persönlichere Note bekommen. Und Sie könnten Zeichnungen zu bestimmten Themen »in Auftrag geben«. Erinnern Sie sich doch nur an die bekannte Endlos-Serie, die stets mit den Worten »Liebe ist ...« beginnt. Dazu lassen sich leicht

ein paar Zeichnungen finden oder entwerfen, und irgendwo findet sich in der Zeitung immer noch ein Plätzchen, das gefüllt werden will. Und was liegt bei einer Hochzeitszeitung näher als das schönste Thema der Welt, verpackt in ein anrührendes Bildchen? Ansonsten: Sammeln Sie alles, was der Auflockerung Ihrer Zeitungsseiten dienen kann. Durchstöbern Sie Bücher, Zeitungen und Zeitschriften auf der Suche nach geeignetem Material. Sie werden merken, dass Sie sehr schnell einen Blick dafür bekommen, was brauchbar sein könnte und was nicht.

Und noch ein Tipp zum Schluss: Archivieren Sie alles, was Sie bei dieser Zeitung nicht verwendet haben – die nächste Hochzeit kommt bestimmt und damit eine neue Gelegenheit, wieder eine Hochzeitszeitung zusammenzustellen.

Dieses Foto von zwei Hochzeitsgästen eignet sich hervorragend für die Gestaltung der nächsten Zeitung.

Bibliografische Information
Der Deutschen Bibliothek
Die Deutsche Bibliothek verzeichnet diese
Publikation in der Deutschen Nationalbib-
liografie; detaillierte bibliografische Daten
sind im Internet über http://dnb.ddb.de
abrufbar.

© 2005 Knaur Ratgeber Verlage
Ein Unternehmen der Droemerschen
Verlagsanstalt Th. Knaur Nachf. GmbH
& Co. KG, München

Umschlagkonzeption: ZERO Werbeagentur,
München
Umschlaglayout: Daniela Meyer
Umschlagfoto: Getty images / Bob Thomas
Projektleitung: Annett Wagner
Lektorat: Günter Wiegand, Wiesbaden
Illustrationen: Kristiana Heinemann,
Oberriexingen
Fotografien: Deichmann: S. 26 li; Stefan
Strixner: S. 43, 69 u; Kathrin Gritschneder:
S. 44; Swissflex: S. 46; AdK: S. 65, 69;
alle übrigen Fotos sind von Michael Stiehl
Satz und Layout: Michael Stiehl, Leipzig
Herstellung: Hartmut Czauderna
Druck und Bindung: Appl, Wemding

ISBN 3-426-64160-7
Printed in Germany

05 04 03 02 01

Danksagung

*Wir danken der Firma
Heinrich Deichmann-
Schuhe und der SWISS-
FLEX / Matra AG sowie
der Arbeitsgemein-
schaft der deutschen
Kachelofenwirtschaft
e.V. (AdK) für die Bereit-
stellung der Fotos.*

*Bitte besuchen Sie uns
im Internet:*

www.knaur-ratgeber.de